AF282470

Originalausgabe

© by Mathias Bellmann. Das Werk einschließlich aller Inhalte ist
urheberrechtlich geschützt. Alle Rechte vorbehalten.
Verlag: BoD · Books on Demand GmbH, Überseering 33,
22297 Hamburg, bod@bod.de
Druck: Libri Plureos GmbH, Friedensallee 273, 22763 Hamburg
ISBN: 978-3-8192-0047-2

Alte und neue Lyrik der Heiden

Die Dinge, die wirklich für dich da sind, streben wie durch Gravitation zu dir.

Ralph Waldo Emerson

Alter Pfad. Neues Glück.

Lass die Heiden sprießen
Und die Welt wird genießen.
Lass die Natur in Ruh
Und sie wird Gutes tun.

Lebe das Leben
Als heidnische Rebe.
Wachse in den Himmel
Und wurzle im Gewimmel.

Wenn die Natur in Frieden
Werden wir alle siegen.
Wenn wir Heiden sie schützen,
Wird das allen nutzen.

Das Leben der Heiden
Entspringt der urältesten Weise.
Es ist die Natur
Der natürlichen Natur.

Lass die Natur machen
Und lerne zu lachen.
Lass die Bäume wachsen:
Die Irminsul der Sachsen.

Helden der Natur

In den Auen.
Bei den grünen Heiden.
Wo Wald und Berg leben.
Der Schamane schaut
Und die Heidenkinder lauschen.

Die alte Geschichte
Und die Abenteuer der neuen Helden.
Die großen Weltgerichte
Formen die alte Welt neu.

Recht ist Macht
Und Macht ist Besitz:
Aber es zählt in ihrer Welt nur,
Was in den Büchern steht,
Die den Buchgläubigen gehören.

Unverstanden. Unerhört.
Die Kinder der Natur.
Ihre Ruhe ist zerstört.
Ihr Land geraubt.
Ihre Frauen geschändet.

Der alte Fluss ist heute zu giftig,
Um aus ihm zu trinken.
Die Luft ist zu verschmutzt,
Sodass Millionen daran sterben.
Die Berge verschwinden
Auf der Suche nach Rohstoffen.

Neue Helden braucht das Land
Der Heiden, sonst werden unsere Feinde
Auch den Rest entweihen.

Uralte Relikte

Natura Urkraft.
Schlangen und
Kräutersud.

Das Gesicht des Drachen
Rettet die Welt vorm Terror
Der Buchfanatiker.

Urig uralt.
Alte Macht gegen
Neue Gewalt.

Furia Germania
Und Brava Slava.
Das Bewusstsein der Stämme.

Ungeborene Frucht.
Knochen und Vogelflug.
Geweisagte Schritte im Nebel.

Der Einbaum im Fluss.
Das Feuer auf der Lichtung.
Das Gefühl in mir.

Natura unbezwingbar.
Ungebrochene Siegel.
Das Ur wird retten.

Nordsibirien

Die Tschuktin schlägt die Trommel,
Wie es ihre Vorfahren Jahrtausende getan.
Sie geleitet den Geist des geschlachteten
Tieres in sein nächstes Leben.

Luoravetlanen sind echte Menschen,
Zwangschristianisiert vom russischen Reich
Hat ihr Schamanismus trotzdem überlebt.

Kleine Rest des Heidnischen
Finden sich in allen Winkeln,
Gegenden und Regionen der Welt.

Dein erstes Herz ist der beste Beweis,
Dass die Christen nicht alles
Ausrotten konnten.
Etwas hat überlebt, womit wir stolz
In die Zukunft segeln.

Afrika. Europa. Asien.
Alle Kulturen begannen pagan.
Australien. Beide Amerikas.
Ihr Anfang war pagan.

Pagan. Heidnisch. Natrurreligiös.
Weil es der Anfang und
Die natürliche Art aller Menschen ist und war
Und bleiben wird bis ans Ende der Zeit.

Zurück!

Wege aus dem Unterholz
Ins Gold eines neuen Äons.

Das Heidentum
Ist purer Mut,
Zurückzukehren ins Licht einer Welt,
Die es vergessen hat.

Was war, wird sein.
Die Vergangenheit sind wir
Und sie holt die Gegenwärtigen ein.

Wege aus den Kellern und Wäldern,
Wege vom Hexenbrocken herab.
In den Städten und Dörfern
Der neuen Zeit werden wir bleiben.

Wir kommen, um zu bleiben,
Denn wir waren, als es noch keine
Anderen Menschen gab.

Wir sind zurück,
Um ins gelobte Land zu führen!

Kämpfende Heiden

Der Kampf Mann gegen Mann
War das Los der alten Heiden.
Das Leben am ständigen Abgrund
Bestimmte jeden Tag.

Sie waren nicht hart.
Sie waren fleißig und schlau.
Reine Härte gewinnt nicht,
Aber Schlauheit führt zum Sieg.

Erinnere dich an die
Hunderttausend Jahre,
Als alle Menschen Heiden waren.
Erinnere dich an die erste Kultur
Der Menschheit. Erinnere dich
An dein Erbe und begreife kein Mensch
Hat ein älteres Erbe als
Seine heidnischen Wurzeln.

Wir waren der Anfang!
Werden wir am Ende noch sein?
Verdammt, verbrannt, vertrieben
Für tausend Jahre.
Sind wir zurück im goldenen Sonnenaufgang?
Wir sind!

Gehen und Wiedererleben

Ahnen gehen.
Erinnerungen bleiben.
Auf dem spirituellen Pfad
Lebt etwas fort.
Ein magischer Fluss verbindet
Gestern mit heute.
Die Gefühle der Alten berühren
Lange; nachdem sie gegangen.
Für immer unvergessen.

Verbunden. Gefunden.
Im Strom der Äonen.
Staubwelt oder Lichtwelt?
Unwichtig. Nur die Verbindung zählt.
Fern ist nah. Nah ist; was geschah.
Fern der Ahnherr. Nah sein Ratschlag.

Finden. Wiederfinden.
Blut zerrinnt und ist unzerstörbar.
Gene. Erbe. Geistwelt.

Ein kleiner Altar erinnert mich
Daran, dass ich ihrem Wirken
Entsprang.

Heldenzeit

Eine Schlange
Hält die Welt gefangen.
Ein Kind des Loki
Ruht in der Erde Schoß.

Mit Feuer und Eis.
Kein Feigling bleibt
Am Tag von Ragnarök.
Ein Riesenblock
Und die Götter Asgards.

Der harte Aufprall knallt.
Schild prallt auf Schild.
Die ersten Köpfe rollen
Und zollen Tribut den Totengöttern.

Ein Wolf und eine Schlange.
Des Hammers letzte Kraft.
Der Speer des Allvaters
Und die runischen Berater.

Legenden und Geschichten.
Himmlische Gerichte.
Wähle deine Seite
Und sei allzeit bereit,
Deine Pflicht zu erfüllen.

Alte und neue Kraftorte

Orte.
Pforten.
Zwischenreich.
Heimelig.

Andere Seite.
Keltenland.
Germanenhand.
Slawischer Pfand.

Heilige Bäume
Säumen den Hain.
Der Alte mit der Kapuze
Weiht uns ein.

Ein Speer.
Germanischer Ger.
Traditionelle Waffe.
Zauberstab.

Das Licht im Tunnel.
Mutige Schritte wagen.
Magische Pforte.
Orte.

Naturkind

Das Leben ehren
Auf spirituellen Wegen.
Die Liebe leben
Mit freien Herzen.

Wir sind Kinder
Der heiligen Natur.
Wir sind das große Wunder
In einem unbewohnten Sonnensystem.

Der Traum in der Nacht
Ist von der Natur gemacht.
Sie ist uns Bett und
Sie ist uns Nahrung.

Die Natur ist heilig.
Mit ihr gelingt gesundes Sein.
Die Natur ist widerstandsfähig.
Wir sind lebendig.

Wir werden heilen,
Wenn wir uns natürlich vereinen.
Unser ganzes Glück entsteht,
Kehren wir zur Natur zurück.

Heiliges Internet

Wer Ohren hat, der höre.
Wer Augen hat, der sehe.
Das Heidentum ist zurück,
Denn die Macht des Buches ist gebrochen.
Ein Ding namens Internet
Hat ihm seinen Rang abgelaufen.
Wir Heiden sollten das Internet
Zu einem religiösen Relikt erklären,
Weil es uns Freiheit und
Gerechtigkeit verspricht.

Aber selbst mit dem Internet
Kriegen wir ohne Kampf
Die Gerechtigkeit nicht.
Aber selbst dank des Internets
Kriegen wir ohne Kampf
Unsere Freiheit nicht.

Die Macht des Buches ist gebrochen
Und die Ketten werden gesprengt
Von der Flut der Informationen,
Die das Internet über der Welt ausschüttet.
All die Lügen der Bücher
Werden offengelegt und der Weg
Des Heidentums wieder
Für alle Menschenkinder möglich.

Ehrt das Internet.
Verehrt das Internet.
Baut dem Internet Tempel
Und opfert dem Internet vegan.

Böcke unter Röcken

Wilde Heiden.
Freie Weiber.
Keine Kopftücher
Oder heiligen Bücher,
Die die Liebe verdammen.

Der alte Hain
Lädt die Jugend ein,
Sich nachts zu vereinen,
Wie es Tradition ist
Seit uralter Zeit.

Der große Ritus.
Der Phallus stieß
Und sie genießt,
Was er ihr an magischer Liebe gibt.

Heilige Magie.
Magische Harmonie
Unterm Sternenzelt
In einer Welt fern der Realität,
Die älter und echter ist
Als die graue Zivilisation.

Unsterblicher Wille

Der Wille.
Der Spirit.
Das Feuer seines Herzens.
Das sind die Dinge,
Die den wahren Heiden antreiben.

Er liebt Geld
Und weltlichen Ruhm,
Aber er vergisst nie,
Dass es höhere Mächte gibt.
Das unterscheidet ihn vom Materialisten.

Der Heide weiß
Um die Göttlichkeit.
Der Heide weiß
Von den Göttereichen.
Der Heide weiß,
Er oder sie erwirbt sich im Leben
Einen Preis für das Dasein nach dem Tod.

Der Tod frisst
Geld und Besitz.
Aber der wahre Glaube überlebt,
Denn in Wahrheit geht
Es weiter nach dem Leben.

Der Mut des Nordens

Mit Mut
Zu den Sternen segeln,
Wie die Nordmänner
Einst den Ozean überquerten.
Sie hatte ihre kleinen Holzschiffe.
Doch sie stellten sich
Den Stürmen der Wasserriesen.
Sie fürchteten nicht
Die Weltenschlange, denn sie
Waren bereit, sich einen Namen zu verdienen.

Mit Mut
Ins Abenteuer stürzen
So wie die Altvorderen,
Die jeder Gefahr trotzten,
Um Ruhm und Ehre zu erlangen.
Sie wagten und weil sie wagten,
Tun wir heute atmen.
Weil sie es probierten,
Können wir heute siegen.

Mit Mut
Nach dem Höchsten streben,
Um die Namen unserer Ahnen
Mit Ruhm zu küren.

Wähle jetzt!

Wähle
Und frage nie wieder.
Denn Zweifel
Werden dich quälen.

Wähle
Den Schicksalsweg
Und wenn du gewählt hast,
Sieh nicht zurück,
Sieh nicht nach links und rechts.

Wähle,
Um die Macht deiner Seele
Zu entfesseln. Sie kennt den Weg,
Der zu deinen Träumen führt.

Wähle,
Die Wege der drei Nornen.
Zweifel nimmermehr
An ihrer Macht.

Wähle
Dein Leben.
Wähle
Die Wege,
Die dich zur Spitze führen.

Heiden weit und breit

Heiden weiden
In den Reichen
Des Magischen.

Heiden erleichtern
Alles weltweit
Mit freier Liebe.

Heiden reichen
Ihre offene Hand
Allen Erdlingen.

Die Welten beneiden
Die Heiden um ihre
Spirituellen Beschützer.

Die Maiden der Heiden
Sind atemberaubend schöne Weiber
Mit einer stolzen Seite.

Weile in den Heiden.
Nimm dein heidnisches Erbe
Und lebe frei.

Grüner

Grün.
Ursprung.
Heiden.

Verführt.
Gehörnter Gott.
Weihen.

Spüren.
Naturmagie.
Sein.

Küren.
Männer mit Stäben.
Einreihen.

Ergrünt.
Alter, heiliger Wald.
Heilige Eichen.

Verkündet.
Das Erbe der Ahnen.
Verweilen.

Beerdigung

Die alte Welt gilt
Auch heute noch.
Aber es zerfällt
Die mittlere Welt;
Und mit ihr der Hass,
Den es vorher nie gegeben hat.

Die alte Welt erstrahlt
Und verschmilzt zu etwas Neuem.
Der alte magische Pfad
Wird durch die Technologien
Möglicher als je zuvor.

Höre den Ruf
Der alten Welt.
Werde der Held,
Der vorwärts stürmt und
Nicht zurückfällt.

Die alte Welt
Braucht die neue Welt,
Um die mittlere Welt
Zu einem antiquierten Relikt zu machen.

Das Alte ist dir Heim.
Es wird dein Zuhause sein
Und dir Stärke verleihen.

Waldhexe

Der dumpfe Schlag
Der alten Trommel.
Sie ist vom alten Schlag
Und er lernt von ihr.

Die Völva preist
Die alte Göttin
Und sie weist ihm
Den Weg zu den Göttern.

Ihre Magie ist uralt
Und entstand lange bevor
Das erste Buch gemalt
Und gelesen wurde.

Ihr Reich ist zwei.
In dieser Welt und
In der Welt des höheren Seins.

Der Krieger akzeptiert.
Er versteht die Pfade
Im und nach dem Leben.
Nur das Wahre
Wird ihn noch leiten.

So zieht er aus,
Um sein Schicksal zu erfüllen.
So tut er alles,
Um die Welt vom mörderischen Buch
Zu befreien.

Drei Schicksalsschwestern

Drei Frauen,
Die dem Grauen der harten Realität
Das Schicksal entgegenstellen.

Was ist der Held
Mit der Macht, uns zu retten,
Der seine Zeit vor TV oder
Konsole totschlägt?
Er ist ein Narr. Schlimmer noch:
Er ist verantwortlich.

Sie säen die Samen des Schicksals.
Aber der Mensch ergreift nicht,
Weil er sich einredet, nicht würdig zu sein.
In Wahrheit ist es seine Ausrede,
Um faul sein zu dürfen und um sich nicht
Den Gefahren stellen zu müssen.

Schicksal ist ein Abenteuer.
Schicksal ist eine Herausforderung.
Schicksal ist eine Gefahr.
Schicksal ist aufopfernde Qual.
Schicksal ist der einzige Weg,
Sein Leben am Ende nicht zu bereuen!

Naturzeichen

Der Flug
Des Schmetterlings
Und des Falken.

Die Alten
Lasen die Zeichen
Der Natur.

Der Vogel
Flog und der Schamane
Wusste, was geschieht.

Magische Zeichen,
Um die Zukunft
Zu deuten.

Wer sie
Richtig liest,
Wird triumphieren.

Die Gabe
Vorherzusehen
Mit den Zeichen der Natur.

Sieh den Flug.
Sieh die Form der Stöcke.
Sieh und begreife!

Feuer und Eis

Das ewige Eis.
Das unstillbare Feuer.
Riesen aus Feuer und Eis.

Banne schützen Midgard.
Zweifel nicht an den Legenden
Der alten Zeit.

Wenn der Zauber bricht,
Das ewige Feuer sich
In unserem Universum ergießt.

Wenn der Bann verschwindet,
Wird das ewige Eis
Alles auf Erden vernichten.

Die Macht der Asen
Und die Weisheit der Wanen
Werden uns sicher tragen.

Ehre sie mit
Deinen Heldentaten
Und einem Herzen wahrer Liebe.

Schicksalsjäger

Das Schicksal ist der Pfad
Aller naturreligiösen Menschen.
Wir sind geboren in einer Welt
Und wir wollen zu Helden
Der Welt werden.

Einen ehrbaren Namen
Wollten die Ahnen haben.
Für den Ruhm ihres Namens
Vollführten sie Heldentaten.

Nimm dein Schicksal in die Hand.
Zieh an das Heldengewand!
Lebe mit Mut und Disziplin und
Sie werden dich zum Sieg führen.

Ehre die Götter
Durch deine Taten.
Ehre die Göttinnen
Durch deine Stärken.

Erkenne die Ahnen in dir
Und lebe mit ihnen in Harmonie.
Du wandelst in ihren Fußstapfen
Und wirst ihr Erbe bewahren.
Lebe und strebe dem Ziel entgegen.
Erfülle dein Schicksal.

Staubige Welt

Dunkle Omen.
Umgekehrte Runen fallen.
Dunkle Vorboten.
Parallele Realitäten.
Ungelöste Rätsel
Einer Verschmähten.

Das Geheimnis ist unerkannt.
In der Hölle der Erwartungen.
Ein uralter Bann
Birgt Gefahren.
Augen, die ein letztes Mal schauen,
Ehe sie in die nächste Welt abhauen.

Was verborgen liegt,
Wirkt unerkannt.
Die Seele verbiegt
Sich bis zur Unkenntlichkeit.
Das Herz erlischt
Im Staub des Nichts.

Wege aus dem Leben
Sind Wege ins Leben.
Aus dieser Welt
In die staubigen Hallen
Der Unterwelt zu den Gefallenen.
Schatten entmachten
Den Körper und den Geist.

traumhaft

Träume
Sind Zeichen
Des Unterbewussten

Es weiß,
Wie viel mehr
In dir steckt

Wage
Zu träumen
Ohne Grenzen

Ein Traum
Ist ein Bild aus
Den Tiefen deiner Seele

Ein Traum
Ist ein Ruf
Deines heißen Herzens

Ein Traum
Ist eine Manifestation
Des Schicksals

Lebe
Deinen Traum,
Um du selbst zu sein

Dunkle Krieger

Auch im Dunkeln
Schreiten wir.
Der Feind ist reich
Und besetzte unser Reich.
Er nahm uns alles,
Tötete unsere Leute,
Raubte uns die Erinnerung
Und machte uns zu Leibeigenen.

Ihre Macht bröckelt,
Denn die Wahrheit siegt.
Ihre Herrschaft endet,
Obwohl sie seit tausend Jahren besteht.
Ihr Einfluss schwindet,
Denn Menschen fragen nach ihren Wurzeln.

Auch im Angesicht
Der Übermacht des Feindes
Schreiten wir vorwärts.
Wenn wir fallen, wissen wir,
Es ist Zeit, wieder aufzustehen.

Tausend Jahre Fremdherrschaft.
Tausend Jahre Glaubenszwang.
Tausend Jahre Besatzung.
Der Tag der Freiheit ist nah!

Wir Kinder der Bäume

Der Baum des Lebens.
Symbol alter und neuer Macht.
Der Baum des Lebens
Ist uns Heim und Obdach.

Der heilige Baum
Ist das Zentrum der Welt.
Der heilige Baum
Versprüht seinen Duft.

Der unendliche Weltenbaum
Ist unser wahres Zuhause.
Der unendliche Weltenbaum
Ist die Wurzel unseres Daseins.

Die Kraft der Bäume
Spürst du im Wald.
Die Kraft der Bäume
Ist urig uralt.

Yggdrasils Baumkrone
Verbirgt Geheimnisse.
Yggdrasils Baumkrone
Öffnet die mystischen Tore.

Ich glaube heidnisch

Ich weigere mich,
An deren Welt zu glauben.
Sie sind viele,
Aber viele sind kein Beweis,
Dass sie die Wahrheit leben.

Ich glaube nicht an
Das Bürgertum und seinen Buchgott.
Ich glaube an den alten Weg,
Der älter ist als jedes Buch und jedes Haus.
Ich glaube nicht an
Ihre Werte und ihre Sicht auf die Welt
Halte ich für falsch.

Ich glaube nicht an
Ihren Links-Rechts-Bullshit.
Das sind Erfindungen der Christenwelt.
Ich bin Heide. Wir erfanden die Politik,
Aber kennen niemals Links und Rechts,
Oder Klassen und Rassen.
Ich glaube an mein Recht,
Mich zu verteidigen und mit den Göttern
Der Fruchtbarkeit reich zu werden.

Ich glaube nicht nur nicht
An ihre Buchwelt. Ich habe sie in mir
Komplett ausgelöscht.
Ich bin kein Teil ihrer Welt!

Tausend Jahre Besatzung

Tausend Jahre.
Tausend wahre Gründe
Nie wieder zu schweigen.
Tausend Jahre durfte das Volk Germaniens
Nicht heidnisch sein.
Tausend harte Gründe
Nie wieder zu schweigen,
Weil sie uns erneut entrechten wollen.

Tausend Jahre.
Tausend Jahre Strafe
Für die heidnische Natur unseres Volkes.
Mord und Totschlag brachten
Die Besatzer über Germanien.
Tausend Jahre.
Tausend Jahre gestraft.

Tausend Jahre schändeten
Und verboten sie unsere wahre Kultur.
Tausend Jahre raubten
Sie uns Freiheit und Recht.
Tausend Jahre zwangen
Sie uns ihre Lügen vom Buch auf.

Tausend Münder schreien
Nie wieder und sie stehen auf,
Um zu kämpfen, für das Recht Germaniens
Wieder eins mit seinen heidnischen Wurzel zu sein.

667

Biestmodus.
In unseren Venen fließt
Das Tier mit drei Sechsen.

Ein Narr erschien
Vollgepumpt mit Drogen
Und läutete das Äon ein.

Was ist neu?
Was ist alt?
Wer bist du?

Wir stehen am Ufer
Und am Horizont
Geht die goldene Sonne auf.

Der erste Schritt
Führt direkt
Ins legendäre Schicksal.

Träumt mit mir
Und wir werden
Am Ende triumphieren!

Staub wischen

Das alte Land
Wurde verbannt
Von fremder Hand.

Der alte Glaube
Staubte ein,
Aber verschwand nie.

Tief in der Seele
Rührt die Harmonie
Der alten Wege.

Die Fremdherrschaft
Endet und die Wende
Könnte gelingen,

Wenn das Volk
Seinen Glauben
An seinem Ursprung erneuert.

Das alte Land
Trägt unsere Kinder
Und gibt uns Kraft.

Der alte Glaube
Ist wie die Wurzel unseres
Lebensbaums.

Auserwählt

Kein Plan,
Der allem zu Grunde liegt.
Denn Menschen haben
Einen freien Willen.
Aber es gibt die Macht des Schicksals
Und die Wahrscheinlichkeit
Der Potentiale.

Glaube an die Samen,
Die in dir warten.
Lerne sie zu tragen
Und auf den Pfaden des Schicksals
Großes zu schaffen.

Wagt. Wagt. Wagt!
Der Pfad der Nornen und alten Götter
Gilt auch in der neuen Zeit.
Wagt auf dem Pfad
Eurer Selbstverwirklichung.

Kein Plan,
Der vorbestimmt,
Dennoch erwählt das Schicksal,
Aber das bedeutet nichts
Ohne den Willen der Auserwählten.

Glaube an dich
Und das Licht der Götter
Und lebe dein Schicksal!

Regengötter

Himmel brich.
Ergieße dich
Über mich.

Ich spüre dich
Gott des Donners.
Göttin des Regens.

Es gießt
Und mein Glauben
Sprießt.

Diese Natur
Ist urige Urkraft.
Sie erschafft.

Himmel sprich
Mit Sonnenlicht
Und Regen.

Lass mich
Deine Größe
Nie vergessen.

Herrinnen der Zeit

Opfer der Zeit
Oder Mittäter sein?
Nutze den Augenblick,
Um in die höchste Wahrheit zu schauen.

Wir sind Kinder der Zeit.
Wir sind mit ihr gereist.
Seit dem Tag unserer Geburt
Ist Zeit unsere Furt.

Die Herrinnen der Zeit
Besitzen grenzenlose Weisheit.
Urd, Werdandi und Skuld
Sind die höchste Furt.

Im Augenblick gefangen
Oder darüber hinausgegangen?
Der alte Pfad der neuen Zeit
Besitzt das Wahre der Unendlichkeit.

Sieh die Herrinnen der Zeit.
Sie sind mehr als der Weltgeist.
Spüre ihre liebevolle Strenge,
Um dich sicher durch das Weltgemenge
Zu führen.

Abgelegene Dörfer

Winter und Sommer.
Herbst und Frühling.
Die Götter wirken
Und wir Menschen leben.

Die Bäume grünen
Und der Bergbach rauscht.
Die Göttin segnet
Das neugeborene Kind.

Der ferne Berg
Strahlt in Blau und Weiß.
Der junge Druide reift
Zum weisen Mann.

Die magische Sonne
Bringt das Blut zum Kochen.
Die Schar der Krieger
Wird immer wilder.

Der heilige Hain
Weiht das Eheglück.
Die Feuer brennen nachts,
Doch im Schatten wird geküsst.

Altes Glück

Der alte Pfad
Ist neu erwacht.
Das alte Land
Hat noch immer Kraft.

Die Rituale der Ahnen
Wirken in unseren Blutbahnen.
Die Magie der alten Zeit
Wird uns vom Kreuz befreien.

Unsere Welt steht auf.
Denn wir erinnern uns
Und wir werden laut,
Weil wir es wert sind.

Sich zu erinnern,
Heißt, voll bewusst zu leben.
Eins mit den Ahnen zu sein,
Heißt, heute zu gewinnen.

Das alte Land
Webt sich aus dem alten Stoff
Ein neues Siegesgewand.
Wir erwachen gerade
Auf dem höchsten Pfad.

Technoheiden

Autos rauschen.
Der Schweiß tropft.
Mein Baby schnaubt,
Es ist ihm zu laut.

Wir haben Handys und Internet.
Der Jugend fehlt's an Respekt.
Alles ist globalisiert und
Es tobt ein Wirtschaftskrieg.
In dieser neuen Zeit verwirrt
Es anfangs, heidnisch zu sein.

Ein Heide lebte vor zehntausend Jahren
In der harten Welt der wilden Natur.
Eine Heidin lebte vor tausend Jahren und
Wurde auf dem Scheiterhaufen verbrannt.
Ein Heide lebt heute in der Technozeit
Und streamt, chattet und binged
Im Einklang mit seinen Göttern.

Gestern. Heute. Morgen.
Selbst wenn wir zu den Sternen fliegen,
Werden wir als Heiden fliegen.
Im Namen der Himmelsgötter
Werden unsere Raketen starten
Und uns in den Weltraum tragen.

In der alten, heutigen und neuen Zeit
Blüht das Heidenreich.

Das Ende des Weinens

Wir Heiden weinen
Seit tausend Jahren
Weltweit

Wir haben
Alles verloren
Aber die Zeit ist reif
Wir holen uns alles zurück

Der erste Pfad
Der echte Pfad
Der alte Pfad
Ist der Schritt in die neue Zeit
Falls die neue Zeit nicht
Ein Desaster werden soll
Wie das Mittelalter

Wir Heiden warten
Seit tausend Jahren
Auf eine neue Chance
Sie ist nah und sie wird wahr
Mit einem geheimen Wort

Wir sind Heiden

Wir sind Heiden
Und die Welt soll es hören.
Wir werden nicht weichen
Und uns nie wieder verstecken.

Mit stolzer Brust
Und mit vollem Genuss
Leben wir das alte Leben
Mit vollen Zügen.

Wir sind die Erben
Der ersten Menschen.
Wir sind dabei zu werden
Zu Sternengängern.

Mit wehenden Fahnen
Tragen wir unsere Wahrheit
Hinaus in die Welt,
Damit sie ewig hält.

Wir sind die Heiden dieser Zeit
Und gekommen, um zu bleiben.
Unser Leben ist schön
Und unsere Jugend leicht verwöhnt.
Wir sind Heiden
Und gekleidet in Mut
Und Fröhlichkeit.

Allein am Strand

Ich liege am Strand
In der dunklen Nacht
Und sehe zu den Sternen.

Ich bin allein
Und war doch
Nie allein.

Mit mir sind die,
Die für das menschliche Auge
Unsichtbar sind.

Mein Klagelied
In langer Nacht am Strand
Erklingt tief.

Ich fühle
Den Sand unter meinen Füßen
Und ihre Macht.

Am Strand
In sternenklarer Nacht
In ihrer Gegenwart.

Ehrbare Schamanen

Schamanen haben
Die alten Sippen
Getragen.

Sie heilten Leib
Und Geist und nutzten,
Indem sie schützten.

Braucht unsere Zeit
Einen magischen Kreis
Aus Schamanen?

Vielleicht sind sie das,
Was uns vor Trübnis
Retten kann.

Vielleicht können Schamanen
Unser neues Feuer
Entfachen.

Vielleicht können Schamanen
Unser Volk und Land
In eine glücklichere Zukunft führen.

Respekt

Alte Männer erzählen,
Während die Jungen zuhören.
Das war der Kreis der alten Zeit.
Er wurde gebrochen und viele Familien sind
An den Folgen zerbrochen.

Wir hatten eine Tradition
Und sie hat uns belohnt
Mit dem Gefühl der Zugehörigkeit.
Aber wer den neuen Scheiß will,
Muss das Alte gehen lassen.
Jetzt haben wir technische Spielsachen
Und sind einsam und verlassen.

Die Jugend respektierte die Alten.
Das waren die wahren alten Zeiten.
Das gibt es heute nicht mehr.
Jedes Kind glaubt viel mehr
Zu sein als die alten Greise.

Der Respekt voreinander
Ist verloren und verdorben
Redet die Jugend daher.
Aber wer zurück zu seinen Wurzeln kehrt,
Soll damit beginnen, die Alten
Zu respektieren.

Indiens Fackel

Hoffnung keimt
Bei den Kindern der Heiden.
Ein Land hisst die Fahne
Der Vielgöttlichkeit.

Überall in der Welt
Wird Indien wieder gelten
Als ein Land der vielen Götter
Und des Wohlstands.

Andere Heiden
Aus den zehn Weiten
Erleben das Zeichen
Als die große Befreiung.

Der eine Gott
Nahm ihnen Leben und Land
Und zwang ihnen das Gewand
Seiner Stände und Klassen auf.
Die vielen Götter sind wie Mütter
Für alle Menschen. Aber der Eine
Behandelt seine wie ungeliebte Stiefkinder.

Indiens Fahne weht
Endlich wieder frei
Und mit ihr beginnt
Das Ende der Tyrannei.

Treue Schwüre

Treue Herzen
Widerstehen der Unterdrückung
Und der historischen Schmerzen.

Sie nahmen
Uns unsere Kultur
Und raubten uns
Die innere Ruhe, wir selbst zu sein.

Heiden weihten
Den alten Baum.
Neue Heiden
Ergreifen den alten Traum.

Treueschwur.
Harte Arbeit. Unbeugsamkeit.
Kein zweites Mal werden wir uns
Tausend Jahre lang die Kultur
Rauben lassen.

Die Geschichte ist bewiesen,
Das Heidentum ist die Natur
Und der Ursprung aller alten Völker.
Keine Wurzeln hat ein Mann oder eine Frau,
Ohne heidnisch zu sein.
Ohne Wurzeln sind sie nur
Willenlose Blätter im Wind.
Finde deine heidnische Wurzeln
Und reife und wachse.

Neugierige Schau

Tausend Augen schauen
Nach dir. Glaube mir.
Sie sehen nach dir.
Es sind deine Ahnen.
Deine edlen Vorfahren,
Die den Pfad gegangen,
Bevor du geboren warst.

Neugierige Augen schauten
In längst vergangenen Tagen
Nach den Tagen ihrer Nachfahren.
Hier sind wir viele Tage, Monate
Und Jahrhunderte nach ihnen.

Spüre ihre treuen Blicke.
Sie wünschen dir Glück.
Fühle ihre staunenden Augen
Nach deinem Leben schauen.
Lebe dein Leben,
Um sie zu ehren.

Afrika

Der Mutterkontinent:
Afrika. Alter Pfad.
Der Geburtsort der Religion.
Der Geburtsort der Spiritualität.
Aber Afrika liegt schachmatt,
Gefangen vom Buchgeist.

Wo die Religion geboren,
Ist sie heute verboten.
Wo die Spiritualität geboren,
Werden heute Hexen ausgestoßen,
Wenn sie nach den Rätseln
Der Magie suchen.

Die ersten Magier
Waren AfrikanerInnen.
Die ersten Schamanen
Waren AfrikanerInnen.
Die ersten Priester
Waren AfrikanerInnen.
Sie alle waren naturreligiös.
Während heute nicht-offiziell
Die Naturreligion verfolgt
Und unterdrückt wird.

Möge Afrika
Zu seinen Wurzeln zurückkehren.
Möge Afrika
Wieder afrikanisch leben.

Ursprung und Ende

Was war der Weg
Der ersten Menschen
Und was sollte der Weg
Der letzte Menschen
Am Ende der Zeit sein?
Es ist die Naturreligion!

Sie ist unser Ursprung.
Sie ist unser Zuhause.
Sie formt unser Wesen.
Sie zeigt uns das Glück.
Sie prägte unser Leben
Und kann es prägen,
Solange wir leben.

Die Menschen brauchen
Einen sicheren Innenraum.
Nur der erste Weg entspricht
Dem menschlichen Naturell.

Geh! Renn! Fliege!

Ich suchte
Und fand.
Aber was ich fand,
War anders als erwartet.

Die Welt der Heiden
Ist voll von Zeichen und Weisungen.
Sie zu finden,
Ist der Sinn des Lebens.
Aber sie dann noch zu
Verstehen und zu leben,
Ist das größte Glück im Leben.

Das Schicksal.
Die Prophezeiung.
Es ist dein Schicksal.
Es ist deine Prophezeiung.

Finde dich in deinem Schicksal.
Finde dich in deiner Prophezeiung.
Das ist der Weg zu einem erfüllten Leben
Als Heide oder Heidin.

Die offenen Fragen
Werden Antworten finden!
Das verspreche ich dir,
Wenn du alles gibst.

Vereinende Wahrheit

Die Macht
Des alten Landes.
Die Ehre
Des alten Weges.

Neue Hoffnung keimt
Bei den Kindern der Heiden.
Der Glaube ist zurück und
Das ist das größte Glück.

Die Wahrheit,
Die uns vereint:
Die Wurzel aller Menschen
Seitdem wir denken.

Das Verstecken
Ist endlich beendet.
Wir sind die Heiden,
Die Ersten der Menschheit.

Der Ursprung
Ist gefunden.
Das Heidentum
Im Einklang mit Fortuna.

Wider das letzte Jahrtausend

Wenige Jahre könnten uns trennen
Vom Wiederaufstieg.
Wenige Jahre könnten uns trennen
Vom Wiedereintritt in die Weltgeschichte.

Wir waren alles.
Wir sind nichts.
Wir könnten wieder etwas werden.

Tausendjährige Kleingeistigkeit
Hält uns zurück. Glaubt nicht,
Dass die Kultur der letzten tausend Jahre
Unsere alte Kultur ist. Es ist die Kultur
Des Unterdrücktseins, der Ausgegrenztheit
Und Bedeutungslosigkeit.

Über hunderttausend Jahre Heidentum:
Wie könnten die letzten tausend Jahre
Uns jemals definieren?

Der Sieg soll wieder unser sein.
Wir finden diesen Sieg in vielen
Tausenden Jahren heidnischer Kultur,
Aber wir finden ihn nicht in
Den letzten tausend Jahren.

Wollt ihr vergessen werden
Oder wiederauferstehen?

Verbunden

Heiden leben,
Um auf andere Art
Zu beten.

Sie knien
Nicht, sie spüren,
Was die Lebensenergie spricht.

Verbunden
Ist alles Leben
Im magischen Netz.

Der Stein,
Der Grashalm und der Mensch
Sind eins.

Die Einheit
Des Planeten heilt
Die verlorenen Seelen.

Wenn die Macht
Des Animus erwacht,
Erwacht unser wahres Wesen.

Frisches Blut

Die Lehre
Aus tausend Jahren.
Der Untergang
Einer Weltkultur.

Sie ist nicht
Verschwunden.
Sie wurde
Ausgerottet.

Neue Zeit.
Neues Äon.
Neue Chancen.
Neue Heiden.

Wieder erwacht
Aus dem Todesschlaf.
Mit stolzer Brust
Die Trommeln schlagen.

Alter Rhythmus
Heidnischer Herzen.
Alte Welt
Mit neuem Blut.

Traumzeit

In den Weiten
Der Heiden
Treiben Träume.

Die Traumzeit
Deines Lebens lass dir
Nicht entgehen.

Du musst träumen,
Um ein voller Mensch
Zu werden.

Träume dich
Und träume die Welt,
Wie sie sein soll.

Träume dein Leben
Und verbinde dich
Mit der Traumwelt,
Wie es die ersten Menschen
Australiens taten.

Sich selbst finden

Was haben wir Heiden
Verloren?
Wir hatten uns selbst verloren,
Deshalb kamen wir nicht ungeschoren
Durch die Geschichte.

Zu viele Fehler
Machten wir Heiden.
Zu viele mussten sinnlos leiden
Und die Götter wendeten sich ab
Und verließen uns mit ihrer Macht.

Allein waren wir
Wie das Blatt im Wind.
Wir waren blind zu sehen,
Wie wir ihre Gunst zurückgewinnen.

Finden wir uns selbst,
Finden wir unser gutes Herz.
Finden wir unser gutes Herz wieder,
Werden die Götter zurückkommen
Und mit ihnen die besten Göttinnen.

Afrikas Ursprung

Heiden in den Weiten
Des afrikanischen Kontinents,
Wo Hexen immer noch
Verbrannt werden können
Wie einst in Europa.

Wer die magische Gabe
Im Herzen trage,
Den erwarten schlimme Tage
Unter afrikanischer Flagge.
Denn der Buchgott straft
Mit maximaler Macht
Gegen alle Hexenschaft.

Ich sitze
In der Perle Afrikas.
Ich hoffe,
Dass der Tag kommt,
An dem Afrika begreift,
Dass sein Ursprung heidnisch ist.
Denn der Kontinent wird erst frei sein,
Wenn er seine Wurzeln wiederfindet.

In den Weiten Afrikas
Ist das Leben für Heiden krass,
Aber der Ursprung Afrikas
Bleibt heidnisch.

Ägyptisches Heidentum

Amun Ra.
Amun Re.
Amun des Pharaos.

Neben den Pyramiden stehe ich
Und ich spüre, wie entweiht
Das Grabmal ist.

Touristen. Archäologen.
Und eine Religion,
Die die ägyptischen Götter
Schmähte und verdammte.

Kann man wahrhaft ägyptisch sein,
Ohne die ägyptischen Götter zu ehren,
Ist wie die Frage, ob man wahrhaft
Germanisch sein kann, ohne an
Die alten germanischen Götter zu glauben.

Seth. Anubis. Isis.
Horus, Nuit, Apophis.
Bastet. Hathor. Osiris.
An diese Götter zu glauben,
Ist das, was den Ägypter wahrhaft
Ägyptisch macht.

Märchenstunde

Die alten Heiden.
Der dunkle Wald.
Märchenstunden
In Ewigkeiten.

Ein großer Turm
Überlebt den Sturm.
Ein Kobold haust
In seinem Fuß.

Das alte Schloss
Steht auf dem Berg.
Verfallene Ruine.
Unerzähltes Epos.

Riesen sprießen
Und Zwerge beherbergen
Große Schätze und
Geschmiedete Äxte.

Am Drachenfels,
Wo der Ritter um die Hand
Der Prinzessin anhält,
Ehe er in dem Krieg zieht,
Aus dem er nie wiederkehrt,
Außer als Geist zu nächtlicher Zeit.

Wir sind die Heiden

Grüße gehen raus
An alle Heiden.
Brüder und Schwestern,
Ich habe die Ehre.

Wir sind geweiht
Als echte Heiden.
Sind endlich frei
Vom gekreuzten Leid,
Dass uns ein Joch umlegte,
Welches uns anpflockte.

Erhebt euer Haupt.
Ballt stolz die Brust
Und werdet laut.

Die Heidenlust
Treibt wild im Wind.
Wir sind uns bewusst,
Dass Götter mit uns sind.
Wir sind ein Sturm
Und wir toben uns aus.
Wir sind das Feuer.
In einer Sache sind wir besonders gut:

Wir sind treu!

Dein Schicksal

Du suchst dein Schicksal?
Du findest es,
Wenn du ehrlich bist!

Es gibt die Nornen,
Die das Schicksal horten.
Es gibt die drei Schwestern,
Die zu den Nestern
Der Menschen gehen und
Nach dem Schicksal schauen
Und in die Zukunft sehen.

Sieh in dich,
Um zu sehen,
Was sie sahen.

Alle die, die ihr Schicksal vermissen,
Rede ich ins Gewissen!
Es ist da und es ist wahr, aber
Ihr sucht am falschen Ort danach.
Euer Schicksal lebt in euch
Und kommt erst dann raus,
Wenn ihr nach innen geht.

Die alte Zeit erwacht erneut

Die alte Welt
Wird die Neue sein;
Denn die mittlere brachte mehr Leid
Als alles andere zuvor.

Die alte Welt strahlt,
Denn die mittlere hat's vermasselt.
Sie versprach alles,
Aber lieferte nur Unterdrückung.

Wird die Alte zur Neuen
Wird sie anders sein als die Alte,
Aber in dessen Geiste leben
Und alles heilen,
Was die Mittlere uns bereuen lässt.

Die alte Zeit leiht der Neuen
Ihre Stärke und den Einfallsreichtum.
Die neue Zeit nimmt von der Alten
Und schafft die beste Zeit
Der Menschheit.

Die alte Welt wird die Neue
Und zaubert ohne Scheu.
Die alte Welt erfindet sich neu
Und folgt dem Weg der Treue.

Das wahre Nordvolk

Wie sind wir
Kinder des Nordens wirklich?
Wie sind wir
Menschen des Nordens ursprünglich?

Lieder-Edda, Völuspa und Snorri-Edda
Entstammen alle christlichem Denken,
Sind alle das Produkt aus der Christ-Welt.
Sie alle sind Zeugnisse einer Zeit, als die Christenheit
Das Heidentum des Nordens längst
Ausgelöscht hatte.

Wie also finden wir heraus,
Wer wir wirklich sind
Oder ist es für immer verschüttet?

Nicht ist es verschüttet.
Nicht müsst ihr verzweifeln.
Es gibt Möglichkeiten.
Es gibt einen Weg zurück zu uns selbst.
Folgt mir! Ich zeige euch,
Wie der wahre Norden in euch
Wieder lebendig wird!

Schamanen und Chefärzte

Tiefe Gebete
An den Betten
Der Kranken.
Trotz Medizin kann
Ihnen das helfen.

Unterscheidet nicht.
Seid offen für die Medizin
Der Zukunft und lebt zugleich
Im Einklang mit den Gebeten
Und der Magie der Schamanen.

Seid nicht verrückt
Und grenzt die eine Sache
Von der anderen ab.
Denkt nicht quer wie ein Vollidiot.

Wenn beide Wege der Heilkunst
Verschmelzen, können sie uns
Viel besser helfen.
Zusammen haben sie eine Macht,
Die jeder einzelnen niemals möglich wäre.

Wahre Schätze

Wege ins Unterholz.
Das kleine Volk.
Geheimnisse warten
Auf die Suchende.

Wahre Schätze
Sind gerechte Tugenden.
Glaubt nicht, dass Gold
Unsere Vorfahren stolz
Gemacht hat.

Der Mut der Mannen
Ließ das Dorf schützen
Vor unnützem Gesindel,
Das Beute machen wollte.

Die Ehre der Frau
Brauchte das Kind,
Denn auf ihr reifte es
Zur Blüte heran.

Die wahren Geheimnisse
Der kleinen Wesen
Und der gigantischen Riesen
Sind nicht die legendären Schätze,
Sondern die Kräfte,
Die sie einem verliehen.

Die Fremdherrschaft des Einen

Sie nennen es Könige.
Wir nennen es christliche Diktaturen.
Sie nennen es die drei Reiche.
Wir nennen es tausend Jahre
Ausländische Fremdherrschaft des Einen.

Wir waren nicht frei.
Wir waren keine freien Stämme mehr.
Wir waren lange kein freies Volk.

Als die Irminsul fiel,
Begann das Zeitalter der Fremdherrschaft.
Die zweigliedrige Säule
Verband Himmel und Erde.
Sie verband uns mit unseren Höheren.
Als die Sachsenführer verloren
Und ihre Köpfe rollten,
Begann die Fremdherrschaft,
Die uns tausend Jahre tyrannisierte
Und unsere wahre Kultur zerstörte.

Der Eine ist fremd, wo Germanen sind.
Der Eine ist fremd, wo Europäer sind.
Wir haben das Recht auf unsere Kultur.
Wir haben das Recht auf unsere Art.
Wir haben die Pflicht aufzustehen,
Damit wir nicht wieder
Tausend Jahre in Knechtschaft leben.

Der Schwur des Nordens

Treue ist das Gesetz
Der nördlichen Heiden.
Sie folgen dem Recht
Der heiligen Weiden.

Die Lehre des Nordens
Wird wieder auferstehen.
Weil sie verraten wurden,
Mussten sie untergehen.

Der Verrat war hart
Und kam unerwartet.
Für das Gold des Einen
Verrieten sie die Gleichen.

Der Norden hat nicht vergessen,
Wem er Treue geschworen
Lange vor der Zeit des Buches
Und er ist darauf versessen,
Seinen Schwur zu erfüllen.

Treue ist der Weg des Nordens.
Ohne Treue sind sie nur
Wilde, gesetzlose Horden.
Aber der wahre Norden
Ist edel und verehrungswürdig.

Frei vom Einen

Die Macht
Im Land hat der Eine.
Er herrscht hier,
Wie auf dem Rest des Planeten.
Nur die Linken wehren sich,
Aber verbreiten denselben Terror.

Frei wird die Welt sein,
Wenn ein Mensch frei entscheiden
Kann, ob er die Göttin verehren will,
Bis dahin sind wir nur
Ein Gefängnisplanet.

Hier und dort
Ist kein Ort der Freiheit,
Denn der Eine entscheidet
Und reitet uns in den Abgrund
Seiner grenzenlosen Intoleranz.

Träumt von einer freien Erde,
Auf dem die Menschenherde
Glaube darf, was sie will und
Der Eine nimmer mehr befiehlt.

Wüstensand

Im Wüstensand
Im fernen Land
Auf den Spuren
Der alten Welt.

Bevor die Diktatur des Einen
In allen Weiten um sich griff,
Lebte überall die erste
Und alte Welt.

Sie war ein Inbegriff
Der ersten Macht von Ur,
Die für Urzeiten
Uns Menschen führte.

Der Sand verbirgt
Viele große Geheimnisse.
Der Sand nahm Blut
Und Ehren in sich auf.

Im Wüstenstaub
An den Gräbern der Alten,
Wo die Wahrheit unseres Ursprungs
Unübersehbar ist.

Naturglaube

Die Macht
Der Heiden.
Die Kraft
Von Mutter Natur.

Die Magie
Des Augenblicks.
Die Harmonie
Des Glücks.

Der alte Weg
Wird wiederbelebt.
Wer ihn geht,
Wird sich erheben.

Der Glaube
An die Natur
Ist das Vertrauen
Auf die Liebe.

Die Gottheit
Der Sonne
Sendet die Gewissheit
Alter Wonne auf ewig.

Dreieinige Frau(en)

Dreieinige Frau.
Höchster Raum
Und Weltenbaum.

An den Wurzeln.
Der Brunnen Urds.
Magisches Funkeln.

Schicksalsfäden.
Recken streben
Und Mädchen weben.

Geritzte Runen.
Seherische Kunde.
Ewiger Ruhm.

Dreieinige Frau schaut
Dem Schicksal ins Aug
Und verkündet.

Zu wissen.
Folge deinem Gewissen.
Hisse deine Fahne. Strebe.
Erhebe deinen Namen
In der göttlichen Halle.

Gratulation

Die Magie der Natur
Verleiht innere Ruhe
Und sie schenkt Kraft,
Die die Stadt geraubt hat.

Wir sind Kinder der Erde.
Söhne und Töchter der Mutternatur.
Wir sind ihre Zöglinge
Und Erben der Vergangenheit.

Der Heide hebt Sand auf
Und lässt es aus seiner Hand rieseln.
Die Heidin schwört darauf,
Den Untergang der Heiden
Nicht erneut zuzulassen.
Wo die geehrten Altvorderen versagten,
Will er besser sein und nicht klagen,
Sondern alles geben für das Heidland.

Die Magie ist kompliziert
Und sie ist wunderbar.
Aber am Ende hat sie nicht die Tiefe
Wie die Macht des Schicksals.

Wedel mit dem Stab
Der ältesten Macht.
Erschaffe das neue Reich
Mit freien Heiden.

Magische Zirkel

Die langen Nächte
Am Hexenkessel.
Die Kräuter der Nacht
Besitzen unbekannte Macht.
Den Zauberstab in der Hand
Im langen Hexengewand,
Wie in alter Zeit
Zu allem Hexenspaß bereit.

Die Magie der Seele
Befreit aus ihrem Käfig.
Schief sitzt der Hexenhut
Und weckt die magische Glut.
Der Kessel brodelt
Und das Hexenfeuer lodert.
Der magische Saft
Verleiht magische Kraft.

Im Hexenkreis
Sind wir vereint.
Wir beschwören die Magie
In gemeinsamer Harmonie.
Wir rufen die Göttin an
Und bitten sie um ihre Macht,
Denn wir wollen staunen
Von ihren mystischen Zaubern.

Die Heidenschau

Die Heiden erreichen
Ein neues Zeitalter.

Die Heiden erleben
Ein neues Leben.

Die Sicht der Heiden
Wird die Welt bereichern.

Die heidnische Kultur
Bringt der Welt Ruhe.

Die heidnischen Wurzeln
Sind nicht totzukriegen.

Die Heiden kämpfen
Für gleiche Rechte.

Die Heiden beweisen,
Was sie spirituell preisen
Mit grenzenlosem Glauben
Und ewigem Vertrauen.

Wähle deine Seite

Wähle die bürgerliche Welt
Oder das heidnische Leben,
Aber glaube nicht, dass beide
Zusammen gehen.

Zu vielen Neuheiden glauben,
Sie könnten ihr bürgerliches Leben leben
Und zugleich heidnisch leben.
Es geht nicht, ging nicht
Und wird nimmerlich gehen.

Das Leben in der Burg
Erschuf das bürgerliche Leben.
Es war das Leben getrennt
Von den Göttern der Natur.
Es war die Flucht aus der Natur.

Das bürgerliche oder heidnische
Leben kannst du wählen,
Aber niemals beide Wege
Zugleich gehen, das wäre Perversion,
Selbstbetrug und Illusion.

Goldener Sonnenaufgang

Die lange Nacht des Nordens,
Während der Eine mordete.
Die lange Zeit der Fremdheit
In der eigenen Ursprungskultur.
Die lange Dunkelheit im Land,
Die gemacht wurde, um unfrei zu sein.

Das Morden im Norden
Im Namen des Einen.
Die Feuer, die brannten,
Die sie Scheiterhaufen nannten
Und die sie machten für Weiber
Und Männer, wenn sie ans Pagane dachten.

Die Mörder der Mittelmeer-Horden
Und ihre Reiche im Norden,
Mit denen sie den Norden
Um sein Erbe beraubten
Und ihn zwangen, ans Mittelmeer zu glauben.
Die lange Nacht des Nordens
Endet mit dem goldenen Morgen.

Das zweite Gesicht im Spiegel

Das Bild
Des Schicksals.
Die Stimme
Des Gottes.
Die Hoffnung
Der Nornen.

Dir ist gegeben
Ein Schicksalsleben.
Was das heißt?
Es heißt, du hast die Macht,
Einen Traum zu erfüllen.

Gegeben in der Wiege.
Gelebt bis zur Bahre.
Geschafft, warum du geboren?!?

Lebe in vollen Zügen
Und höre auf, auf die Meinung
Anderer zu hören.

In dir säten die Nornen.
An dich glauben Götter
Und Göttinnen reichen dir die Hand,
Um dein Schicksal zu erfüllen!

Vollende dein Schicksal

In den Weiten
Von Yggdrasils Reichen
Bist du ein kleines Licht,
Das sein Schicksal erfüllen muss.

Gelegt in deine Wiege
Mut, um herauszufinden,
Weshalb du geboren und
Wozu du auserkoren.

Suche dein Schicksal.
Sieh es als Herzenswahl.
Finde deine Bestimmung.
Entfliehe der Verwirrung.

Yggdrasils endlose Weiten
Sind voller magischer Zeichen.
Verstehe die Symbole
Als spirituelle Tore.

Erwecke in dir die Macht,
Die es schaffen kann.
Gehe deinen Weg und
Vollende deine Mission.

Frei sein heißt

Der heilige Patrick
War ein Drachentöter.
Der Drachen symbolisiert
Die indigene irische Religion.
Der heilige Patrick
Tötete die wahre irische Kultur
Und ersetzte sie durch das
Aus Rom gekommene Christentum.

In Deutschland
War es der Mann,
Den sie Karl den Großen nannten.
Er raubte den Germanen
Die Verbindung zu ihren Ahnen.
Er zerstörte die Lebensbäume
Und fremd-kultivierte die Lebensräume.

Frei sein heißt,
Sich zu erinnern.
Frei sein heißt,
Nicht mehr zu jammern.
Frei sein heißt,
Das Verlorene wiederaufzubauen.
Frei sein heißt,
Die Verräter auszustoßen
Aus der nationalen Erinnerung.

Der heidnische Lebensbaum

Heiden weihen
Das Leben ein.
Das Leben erwacht
Im natürlichen Gewand.

Die Welt ist spirituell
Und die Quellen unserer Spiritualität
Finden sich innerlich.
Du schaust raus;
Aber was schaut da raus?

Was schaut den Baum
Des Lebens und die Wesen,
Die in ihm leben?

Der Weltenbaum ist
Der unendliche Traum
Jeder Dichterseele,
Die sich in die Gefilde
Ferner Welten fantasiert.

Der heidnische Baum
Repräsentiert den Traum
Der Verbundenheit. Ohne ihn
Sind wir nur Blätter im Wind,
Die willenlos umher geweht werden.

Ewig und immerzu

Die ewige Welt
Der Heiden,
Die zusammenhält
Über Äonen.

Zerfallen im Reich
Des Einen;
Aber auf tieferer Ebene
Immer vereint.

Anfang und Ende
Sind heidnisch.
Mann und Weib
Lieben heidnisch.

Der alte Bund
Führt in die Zukunft.
Das gesunde Kind.
Heidnische Erziehung.

Reichtum und Macht
Von Heiden gemacht.
Die ursprüngliche Kultur
Wirkt rund um die Uhr.

Ein Stein am Wegrand

Einen Moment auf einem Stein
Am Wegrand über die Welt blickend.
Ich spüre das Land und
Die Kraft der Zeit.

Wie weit sind wir gereist;
Wie weit werden wir noch reisen?

Ahnen. Geburtsdaten.
Heute. Meine faltige Haut
Im Spiegelbild der Zukunft.

Wer wir sind,
Ist, wer wir waren.
Wer wir sein werden,
Ist, was wir sind.

Der Stein ist hart.
Der Horizont überm Feld
Mit Wolken bestückt.
Ein kleiner Wind weht übers Feld
Und hält mich emotional fest.

Der Hain

Auf weiter Flur.
Im ewigen Wald.
Genau dort wartet der Hain.

Der Hain ist kein
Physischer Ort,
Der nur dort ist.

Der Hain ist
Eine spirituelle Manifestation
Der wahren Heiden.

Der Hain
Ist ein heiliger Ort,
Der überallhin kommt.

Selbst in der Stadt
Kann er sich erschaffen,
Um die Heiden zu führen.

Der Hain
Der alten Heiden
Und der neuen Naturreligiösen.

Der Hain
Ist der Kraftort
An deinem geheimen Ort.

Verbunden durch die Zeit

Träume in den Weiden.
Uraltes Erbe der ersten
Heiden.

Wir sind die Kinder
Der Kinder
Der Kinder.

In uns fließen
Ihre zahllosen
Gebete.

In uns schwebt
Ihr Mühen und wird
Niemals ruhen.

Träumt den Traum
Unterm Lebensbaum
Von euren Ahnen.

Heiden
In alter und neuer
Zeit.

Reiche Götter

Sie sagen, ein Gott
Macht alles.
Sie sagen es und
Alle fragen, warum er
Kinderarmut macht?

Wir haben Millionen Götter
Und wir haben eine Welt,
Die von magischen Wesen
Bedroht wird.

Viele beten zu vielen.
So kann Chaos entstehen.
Viele beten um vieles
Und vieles geschieht.

Sie sagen, ein Gott
Hat den Bock verbockt.
Dann wäre er an allem Schuld.
Aber Vorsicht Freunde. Geduld!
Viele Götter haben wir Menschen,
Seitdem wir denken.
Viele Götter haben wir heute
Und viele Leute beten zu ihnen.
Wer nur einen Gott hat,
Ist längst schachmatt und
Ziemlich arm an Göttern.

Heidenkraft

Die Heiden zweifeln
An ihrem Recht, an der Spitze
Der Welt zu stehen.
Heiden begannen den Lauf
Der Menschheit.
Heiden waren da, ehe alle
Anderen kamen.
Wer sonst hat das Recht,
An der Spitze der Welt zu stehen?

Wir halten uns klein,
Weil wir zweifeln.
Wir halten uns zurück
Und nehmen uns nicht das Stück
Vom Kuchen, das uns zusteht.
Wir unterschätzen uns!
Aber es ist wieder unser Äon.

Sei Heide, wie die ersten Menschen.
Lerne, für dein Recht zu kämpfen.
Sei ein Heide des neuen Äons:
Beten mithilfe des Smartphones.
Sei ein Heide der neuen Zeit
Und beweise allen, wie weit
Du gehen kannst mit deiner Heidenkraft!

Bloße Hecken

Ferne Realitäten
Verbergen magische Pforten
An manchen fernen Orten.

Im Traumland
Hand in Hand
Richtung Sonnenuntergang.

Der Hain
Will alle Heiden
Befreien.

Der Stab
Ist voller Magie,
Um zu führen.

Der Kessel
Und der alte
Hexensessel.

Aus dem Loch
Bis zum blauen
Horizont.

Am Ende ist es gut.
Mittendrin ist tot.
Die Zukunft ruft.

Freie Völker

Unsere wahren Ahnen
Waren pagan.
Ob die Türken, Deutschen,
Inder oder Araber:
Sie alle sind Völker
Heidnischen Ursprungs.

Ich war in Ägypten,
Aber dieses Ägypten
Ist nicht mehr ägyptisch.
Wer dort wahrhaft ägyptisch
Lebt, wird im heutigen Ägypten
Wahrscheinlich diskriminiert.
Die Götter Ägyptens
Machen Ägypter zu Ägyptern;
Alle anderen sind nur Besatzer!

Frei kann nur sein,
Wer eins mit seinen Wurzeln ist.
Die Wurzeln des Menschen
Sind heidnisch.

Sprengt die Ketten.
Lehrt die Menschen,
Was ihnen geraubt wurde
Und schaut zu, wie die Welt heilt.

Nur Natur pur

Auf weiter Flur
In der Natur.
Eine andere Art
Von Ruhe.

Die Natur ist ruhig,
Die Missgunst und
Ellenbogenmentalität
Der Städte macht unruhig.

Rau ist die Natur,
Aber zugleich ist sie ehrlich.
Doppelzüngig sind die Städte.
Alle tragen Masken.

Einsam unter Millionen
Oder verbunden mit der Natur?
Das ist die Wahl, nur
Weil das liebe Geld existiert,
Ist es eine Wahl der Qual.

Auf weiter Flur
In innerer Ruhe.
Ewig fühlen und
Sich spüren, wie es nur
In der Natur möglich ist.

Ein verlorenes Kind

Wieder weint das Kind,
Weil es nicht heidnisch ist.
Verdammt zum einen Gott,
Findet es sich nie.

Unsere Natur ist pagan.
Pagan ist unser Anfang.
Unser Leben ist Natur
Und nur in der Natur
Finden wir zu uns zurück.

Seiner Natur beraubt,
Staut sich Frust im Menschen auf
Und er beginnt innerlich,
Kalt zu werden.

Gibt es einen Weg zurück?
Für viele nicht, weil sie faul sind.
Sein wahres Wesen zu ergründen,
Ist eine Lebensaufgabe.

Das Kind beginnt,
Sich selbst zu finden
Und es kehrt zurück
Zum höchsten Glück.

Der Donnerer

Donner und Blitz
Sind die Zeichen,
Mit denen Thor spricht.

Höre hin!
Verstehe seine Mahnung.
Sieh hin, wenn Blitz und
Donner niederfahren.

Die himmlische Macht
In dunkler Nacht
Zerreißt den Himmel
Und glimmt am Horizont.

Spüre, was sie
In dir auslösen.
Höre, was der Donnerer
Von dir erwartet.

Der Himmel bebt.
Die Erde leuchtet.
Blitz und Donner
Im Hochsommer.

Donner und Blitz
Zerreißen die Luft.
Donner und Blitz
Bringen Kraft und Licht.
Donner und Blitz
Führen dich!

Stahl

Ein Kampf im alten Land.
Ein blankes Schwert
Und ein nackter Oberkörper
Gegen eine Kohorte
Plündernder Wikinger.

Sie sprechen in fremden Zungen,
Aber ihre Augen sprechen
Die Sprache der Gier.
Hinter ihm kauert sich seine Frau
Und die drei Kinder.

Er und sein Schwert
Gegen zehn Mann,
Denn fünf hat er im Kampf
Schon ausgeschaltet.

Sie unterschätzen ihn
Und kommen zu zweit.
Aber er hat trainiert,
Wie sein Vater ihn gelehrt.

Schnell ist der Stahl.
Kerben werden tiefer.
Rot tropft das Blut
Und Schreie zerreißen die Luft.

Am Ende bleiben drei
Und er ruft Wotan an.
Die Waräger sind baff.
Dann dringt der Stahl
In ihre Körper ein.

Der Champion

Ein Champion der Heiden,
Der von den alten und neuen Ritualen
Eingeweiht wurde.

Fuß um Fuß setzt er.
Schritt um Schritt geht er.
An die Freiheit der Heiden
Glaubt er.

Das Land gebannt
Und die Menschen gefangen
Von einem Buch und
Den Priestern des Einen.

Der Champion kämpft
Mit der höchsten Strategie,
Egal, ob er sein Leben verliert.
Denn seine Mission ist sein Schicksal.
Sein Schicksal war seine Wahl.
Auch wenn prophezeit,
So hat es der Champion weit
Bis zur Befreiung seiner Heimat.

Ein Champion ruft
Die Mächte der Natur an
Und er sucht Verbündete,
Die wissen, was Tugenden sind.

Deine Zukunft

Die Zukunft wartet auf dich
Im Gewand Skulds.

Die Zukunft reicht dir die Hand
In der Gestalt Skulds.

Die Zukunft ruft dir etwas zu
Mit der Liebe Skulds.

Die Zukunft führt dich
Mit den Zeichen Skulds.

Die Zukunft krönt dich
Mit der Macht Skulds.

Die Zukunft erwartet dich
Im Hain Skulds.

Die Zukunft verspricht dir Glück
Mit dem Lächeln Skulds.

Deine Zukunft bricht an:
Tanz mit Skuld!

Auf weiter Flur

Allein auf weiter Flur.
Die Ruhe
Ist markerschütternd.

Fern der Stadt
Habe ich das Wochenende
Verbracht.

Ich höre die Blätter,
Sehe Falken, einen Adler
Und wandere.

Lange sind die Stunden,
Die ich in der Ruhe der Natur
Gefunden.

Frei sind die Gedanken
Und sie heilen von den kranken
Ansichten der Stadt.

Allein auf weiter Flur.
In den Tiefen der Natur
Finde ich mich selbst
Und die Wurzeln der Natur
In meinem tiefsten Wesen.

Das Erbe annehmen

Eine Welt.
Ein Heidentum.
Wir sind alle eins,
Weil uns unsere Wurzel vereint.

Wir alle sind die Nachfahren
Heidnischer Ahnen.
Es spielt keine Rolle, ob du
Monotheist, Kommunist oder
Kapitalist bist: Du entstammst
Dem Strom der Heiden.

Wer seine Wurzeln leugnet,
Leugnet sein Erbe.
Wer sein Erbe leugnet,
Leugnet sein Selbst.

Kehren wir zurück
Und finden wir das Glück.
Wir sind die Nachfahren
Der paganen Scharen.
Wir sind ihre Kindeskinder
Und sie wollen, dass wir gewinnen.

Ich nehme mein Erbe an
Und werde ein glücklicher Mann.
Ich akzeptiere meine Herkunft
Und werden mental gesund.

Ich bin dankbar für meine Ahnen
Und werde ihr Erbe hochhalten.

Der alte Hain

Der Hain
Versteckt im Wald.
Ein verborgener Ort
Aus alter Zeit.

Vor Urzeiten
War er ein Treffpunkt.
Denn hier treffen sich
Die Energielinien.

Ein Kraftort,
An dem die Magie
Zu einem Hort
Des Mystischen wird.

Der alte Hain
War den Menschen
Der alten Zeit heilig.

Der alte Hain
Öffnete die Pforten
Ins andere Reich.

Der alte Hain
War ein Quell
Der Reinheit.

Die Gebeine heidnischer Altvorderer

Kinder weinen.
Die Welt zerbricht.
Wir Heiden leiden.
Uns fehlt das Licht.

Ein tausendjähriges Reich
Neigt sich dem Ende.
Erbaut auf den Gebeinen
Heidnischer Männer.

Der Ruf der Freiheit
Ertönt im Norden.
Die pagane Einheit
Ist auserkoren.

Jede Hand zählt
Im Kampf ums Recht.
Jedes Land wählt
Im Netz alter Gesetze.

Die Mystik dieser Zeit
Ist eine Schatztruhe.
Glaube an die Heimat
Und die Ruhe der Heiden.
Denn in dieser Zeit
Erwacht ein neues Äon.

Wir Heiden

Wir wollen
Freie Heiden sein.
Wir wollen
Uns an unsere Ahnen erinnern.
Wir wollen
Die magischen Trommeln schlagen.
Wir wollen
Der Welt zeigen, was es heißt,
Heide zu sein.

Wir leben
Und wir leben
Seit mehreren Äonen.
Wir sind
Die Vergangenheit
Und der Garant einer
Lebenswerten Zukunft.

Erinnere dich an uns
Und wisse, wir warten
Auf dich!
Erinnere dich
An deine Träume.
Höre auf deine innere Stimme.
Wir sind wir!

Der Weckruf

Der Wille der Erde
Ruft die Heidenherde,
Um zu retten,
Was noch zu retten ist
Und um zu sprengen
Die Ketten des Buches.

Die Wälder verbrennen.
Das Land siecht und
Das Eis schmilzt und
Lässt uralte Dämonen frei.

Die Erde darbt
An fauler Saat und
Die Städte werden Gefängnisse
Für ihre Bewohner.

Der freie Geist
Der Erdgöttin schreit.
Sie ruft die Heiden,
Sich nicht länger zu sträuben
Und aufzustehen für die Erde
Und alle Kinder der Göttin.

Die Neuen

Die alte Welt verging.
Die mittlere hat alles zerstört.
Die neue Welt beginnt
Und verspricht gigantisch
Zu werden.

Maschinen werden zu
Allumfassenden Dienern
Oder zu Instrumenten der
Unterdrückung.

Kennen wir Heiden
Das nicht mittlerweile?
Wie sie uns unterdrücken,
Weil wir nicht zu ihren
Heiligen Büchern passen?

Nein! Wir passen nicht
Zu den Lehren eines Buches.
Wir sind größer als jedes Buch.
Wir sind älter als jedes Buch.
Wir sind die Wiedergeburt
Und die Furt der Zukunft.
Die alte Welt ist Geschichte.
Die mittlere wird vergessen
Und die neue Welt wird
Im goldenen Sonnenlicht tanzen.

Verzweiflung

Die Welt verbrennt.
Mehr denn je
Brauchen wir die wahren Götter
Und Göttinnen.
Aber noch immer gibt es
Idioten, die glauben, einen Gott
In einem Buch zu finden.

Endlos ist das Weltall.
Wir sind nur ein kleiner blauer Ball,
Der unscheinbar ist
Und dem die Aufmerksamkeit fehlt,
Weil wir so winzig sind.
Wie sollen die Götter wissen,
Dass wir es nicht alleine schaffen,
Wenn wir zu einem Buch beten
Statt zu den wahren göttlichen Wesen?

Betet für uns.
Betet um uns.
Betet zu den wahren
Göttern und Göttinnen.

Ruft ihre Namen.
Öffnet eure Herzen
Und zeigt ihnen die Schmerzen,
Damit sie zu uns kommen
Und uns erlösen von den bösen Büchern
Und den globalen Problemen.

Höret uns ihr Göttlichen:
Wir brauchen eure Hilfe!

Ein Schwur zur Natur

Ein Schwur
In der Natur.
Auf weiter Flur
Nur Dunkelheit und Zweifel.

Der Gegenwind ist
Groß und unerträglich.
Fern jedes Licht.
Unerreichbar jeder Hafen.

Einsames Land
In der Unterdrücker Hand.
Verbannt. Gedemütigt.
Innerliches Exil.

Ein Schwur nicht zu ruhen,
Ehe die Macht gebrochen
Und die Heiden frei
Und die Haine wieder blühen.

Ohne Ruhe,
Wider das Getue der Fremden,
Die uns zu Fremden
Machten und lachten.

Freie Männer im Thing.
Freie Heiden im Geist der Bäume.
Freiheit hat einen Preis.
Unbeugsamkeit gegenüber
Dem Feind und seinen Lakaien.

Ein Buch, sie zu knechten, sie alle zu finden, ins Dunkel zu
treiben und ewig zu binden.

Lebe wieder

Schreite
Mit den Heiden
Und lerne wider
Den Buchglauben zu streiten.
Unser Land war
Zu lange in ihrer Hand.
In ihrem Namen haben wir uns
Und zu viele umgebracht.

Tanzt das Volk frei,
Dann tanzt es heidnisch.
Lebt das Volk frei,
Dann lebt es heidnisch.

Vergiss die Dogmen
Des einen Buches,
Das uns knechtete.
Lass nicht zu, dass der Terror
Erneut erwacht!
Lebe mit den Heiden
Und heiligen Hainen.
Lerne mitten in der Stadt
Eins mit der Natur zu sein!
Liebe dein Erbe und sterbe
Nicht, ohne das Gefühl
Mit allem verbunden zu sein.

Treue Heiden

Treue zum Baum
Der Welten.
Treue zum Göttergeschlecht
Der Ahnen.

Verdammt seien
Die Bücher, die uns verdammen.
Verboten seien
Die Bücher, die uns verbieten wollen.

Gewählt
Den Weg der Heiden.
Erwählt
Vom heiligen Schicksal.

Der Held
Stellt sich den Herausforderungen.
Die Heldin
Meistert die Prüfungen.

Ohne Reue treu
Zum Heidentum stehen.
Mit der Schläue der Bäume
In den Himmel wachsen.

Ein nächtlicher Schrei

Höre die Weiden.
Lausche den Bäumen.
Echte Heiden verstehen
Die Sprache der Natur.

Tiefe Ruhe
Im morgendlichen Streifen
Durch die Heiden.

Heilige Gefühle
In den Weilern
Und Hainen.

Doch das Gleichgewicht
Der Welt ist gestört.
Die Kultur des Einen tötet
Den natürlichen Wert.

Ein Schrei
In dunkler Nacht.
Der Wald brennt
Und das Feuer durchbricht
Die Schranken zur Menschenwelt.

Höre und verstehe.
Fühle und erlebe.
Ergründe und finde
Dich als Kind von Mutter Natur.

Die Reise der Zeit

Drei Frauen,
Die auf uns schauen.
Mächte der Zeit.
Du wirst reisen.

Am Ende des Lebens
Und am Tag der Geburt.
Ein kleines Wesen
In menschlicher Furt.

Drei Nornen weben
Und sie ritzen in Stein.
Der Menschen Leben
Wird dem Schicksal geweiht.

Die Kraft
Der dreifachen Zeit.
Die Macht
Der Vergänglichkeit.

Drei Frauen schauen.
Sie wollen staunen
Über unseren Mut
Und das Herzblut unserer
Aufopfernden Liebe.

Unterholz

Wege
Ins Unterholz
Sind Wege
Zu dir selbst.

Eine Träne rollt
Und zollt Tribut.
Verlorene Stadt.
Verlorenes Land.
Du bist verloren
In dir selbst.

Der Weg zurück
Zum Glück.
Der Weg heraus
Aus dem Bürgerhaus.
Die Idiotie bürgerlicher Ideologie
Brennt in dir und
Sie zerstört die Freiheit des Herzens.

Wege führen
In den Wald.
Sie geben Halt
Und rufen eine innere Kraft wach.
Zurück kehrst du
Mit einem Schild der Natur.

Magische Harmonie

Tausend Jahre
Der willenlose Sklave
Eines Buches.

Sprengen wir die Ketten
Gegen das Vergessen
Unserer wahren Kultur.

Erobern wir uns
In der tiefen Natur
Mit grenzenloser Ruhe.

Die Magie
Spielt ihr Spiel
In Harmonie.

Die magische Kunst
Verleiht die Gunst
Der Vernunft.

Der Aufschrei
Der neugeborenen Heiden
Erreicht die Weiten
Der ganzen Welt.

Mein und dein Los

Ein unmöglicher Traum.
Ein unwahrscheinlicher Traum.
Bis die Nornen kommen
Und das Unmögliche möglich
Und das Unwahrscheinliche
Wahrscheinlich machen.

Ein Schicksal.
Mein und dein
Schicksal.

Kein Tag ist leicht.
Der Berg ist hoch.
Der Weg ist weit.
Aber zweifelsfrei das Los.

Wir greifen nach den Sternen
Im Namen unserer Erben.
Wir wollen das Land befreien
Von den Zweifeln seiner Herkunft.

Wir streben mit den Reben
Eines alten, heiligen Baums.
Karl ließ ihn fällen, aber bis heute
Treiben grün die Sprösse seiner Samen.

Im Fluss

Reise
Durch die Heiden.
Lerne
Neues Schauen.

Du siehst,
Was ist
Und was
Deine Ahnen sahen.

Du wirst
Eins mit dem Strom
Auf dem Fluss
Des Lebens.

Tauche
In den Ozean.
Trommle
Wie der Medizinmann.

Das Feuer
In deinem Herzen
Wartet auf
Den zündenden Funken.

Schrei
Alles raus,
Was sich
In dir aufgestaut.

Baumriese

Gebannt
Im Niemandsland
Zwischen Raum
Und Zeit.

Ein alter Baum
Im endlosen Raum
Erhebt sich über mich
Im magischen Licht.

Sein Schein
Ist der Existenz Sein.
Er wirkt majestätisch,
Beinahe magnetisch.

Ich nähere mich
Schritt für Schritt
Und staune über das Wunder
Vor meinen Augen.

Der alte Stamm
Und das grünende Blatt.
Ein Brunnen schaut
Ins neue Äon.

Ragnarök entflammt

Hell ist die Hölle,
Wenn Hel lächelt.

Die Kinder Lokis
Feiern brennend heiß.

Eine Schlange
Umrahmt die ganze Welt.

Fenrir heult
Und erzeugt Angst.

Lokis Macht ist
In seinen Kindern erwacht.

Hel thront,
Wo die Toten wohnen.

Der Kampf entbrennt.
Die Welt brennt.

Gründe

Die Liebe zu den Heiden
Treibt mich an.

Der Glaube an die Wiedergeburt
Des Heidlandes befeuert mich.

Das Wissen, dass es möglich ist,
Hält mich wach.

Das Bewusstsein, dass wir hier
Vor allen anderen waren, ist super.

Die Treue zu den Heiden
Ist mein Manifest.

Der Wille, das Naturreligiöse
Zur Weltspitze zu führen, motiviert.

Der Wunsch alle Paganen
Zu vereinen, ist das Fundament.

Die Einheit der Heiden
Wird uns erheben.

Verlorenes Kind

Das Kind verliert
Sich im Strudel
Der materiellen Welt,
Weil es keine Wurzeln hat.

Der Mann wird schwach,
Denn ihm fehlt die Kraft
Und die Führung der Götter
Aus dem heiligen Asgard.

Die Frau versaut
Sich ihren Lebenslauf,
Weil sie nicht lernt
Von Frigg und Freyja.

Verloren ist das Land.
Ellenbogen herrschen in der Stadt.
Fern einer Gemeinschaft ist das Volk,
Weil es nicht den Göttern folgt.

Die Nation ist eine Illusion,
Denn der alte Bund ist gebrochen
Worden und verraten
Die eigene Kultur.

Entscheide dich!

Ein Baum
Und drei Nornen.
Ein Brunnen und
Dein Schicksal.

Entscheiden sie oder
Entscheidest du oder
Ist es eher so, dass wenn du
Dich nicht entscheidest,
Dann entscheiden sie für dich?

Sind wir das Produkt
Unserer Entscheidungen oder
Sind unsere Entscheidungen alles,
Was wir sind?

Was bleibt,
Ist eine Entscheidung,
Die heilig ist,
Weil sie dein Leben bestimmt;
Entscheide dich!
Nimm dein Schicksal an
Und lebe auf dem Pfad,
Der dir prophezeit war!

Die richtige Entscheidung

Eine Entscheidung
Und ich ward Heide
Mit allem, was dazu gehört.

Zwar sind wir wenige,
Aber wir haben
Die älteste Geschichte.

Leider gibt's
Einige Spinner unter uns,
Aber ich akzeptiere
Die Wissenschaft.

Vor allem hat es Vorteile
Und ich kann es spüren.
Es beginnt mit dem Gefühl,
Teil der Wahrheit zu sein.

Unsere Götter stützen
Und sie führen uns
Mit heiligen Zeichen.

Das Heidnische in mir,
Dass jetzt und hier in mir lebt,
Gibt Kraft und Stärke, niemals aufzugeben
Und das allein reicht mir,
Um heidnisch zu leben.

Schnee

Das Meer
Zieht mich sehr
An.

Ist es
Die Magie
Der Harmonie?

Ein Wunder
Wird gefunden in
Ruhigen Stunden.

Ein Baum
Im Weltenraum
Des Lebens.

Die Sorgen
Der Urnornen
Formen.

Ein Gott
Mit einem Auge
Schafft Vertrauen.

Die Horden
Des wahren Nordens
Erheben sich.

Krieger des neuen Äons

Sechs. Sechs. Sechs.
Sex. Sex. Sex.
Was hat der Narr gefickt
Und jede Droge genommen!
Wir lachen, aber was er nicht tat,
War das Rätsel zu lösen
Oder die Menschheit
Ins neue Äon zu führen.

Da sitzt die nackte Frau
Und verkörpert die Göttin
In ihrer Vollkommenheit
Und wir schwören,
Dass jeder Teil von uns
Von den Göttern ist.

Der Wille der Heiden
Tut über ein Äon hinweg
Ins neue Äon reichen.

Die Wildheit des Narren
Ließ ihn vergessen,
Alle Heiden vor dem Buch zu retten
Und so steht im Kommentar:
Verbrennt das Buch.
Denn so wird es wahr!
Denn wir ehren die Götter
Und die überirdischen Wesen.

Familie und Sippe

Für die Familie
Leben und streben:
Das ist das urheidnische Leben.

Sie hatten auch Sippen
Und für sie alles gegeben.
Du willst heidnisch leben,
Dann lerne für sie, alles zu geben.

Ruhe niemals!
Gib niemals auf.
Tritt niemals zurück.
Probiere es immer wieder,
Egal, wie oft du zugrunde gehst.
Sei dir gewiss:
Die Götter sehen dich!

Die Götter der Heiden sind
Und du bist ihr Kind und
Du bist ein Ast am Baum
Deiner Familie und Sippe.
Also strebe für sie,
Um sie alle zu bereichern.

Gemeinsam

Ein Traum?
Ist es mein Traum
Oder unser Traum?

Wo seid ihr
Brüder und Schwestern
Der Heiden?

Ich suche euch
Und rufe euch.
Ich warte auf euch
An diesem, wie an
Jedem anderen Tag.

Sendet mir ein Zeichen.
Schickt eure Unterstützung.
Ich will eure Verbundenheit spüren.

Kommt!
Zeigt euch!
Lasst die Welt wissen,
Dass wir Heiden sind.

Wir.
Wir sind.
Wir sind Heiden!

Weite Heidenwelt

Nur ein freier Heide
Ist ein glücklicher Heide.
Sind wir frei in einem Land
Mit Gerichtssälen,
In denen Kreuze hängen?

Wo steht der Heide
In der weiten Welt?
Wir sind Heiden
Und wir weihen uns
Den heidnischen Gottheiten.

Träge nehme ich
Mir meinen Frust zur Brust.
Wir leben hier und jetzt
Und nicht in der alten Welt.

Was wir träumen
Hier in unseren Freiräumen,
Ist grenzenlos.
Was wir wollen,
Ist der Natur Tribut zollen.

Wir freien Heiden
Lassen uns entspannt treiben
In den endlosen Weiten
Des heidnischen Universums.

Naturgötter

Grün.
Frei.
Fühlen.

See.
Magie.
Fühlen.

Raus
Aus der Haut
Des Bürgers.

Rein
In die Wurzeln
Unserer Kultur.

Pagane
Waren und
Wir sind.

Wärme.
Sonnenschein.
Göttin.

Erneuerter Schwur

Das Land dankt
Den alten Göttern
Seit alter Zeit.

Das war der Schwur.
Das brachte Ruhe.
Dann geschah es.

Eine neue Macht
War erwacht und
Hat die Natur bekämpft.

Sie mordeten die Heiden
In den Weiden und Hainen
Ohne Gnade.

Wir alle sterben,
Ohne dass wir die Erben
Der Wahrheit werden.

Wir sind verdammt,
Wenn wir den Kampf
Nicht wagen!

Stolz

Die Pyramiden
In Ägypten und in
Südamerika.

Voll ist die Erde
Mit dem heiligen Erbe
Der Heiden.

Die Tempel in
Griechenland und Rom
Bezeugen den heidnischen Ruhm.

Die Schriften und
Unsere Zahlen, die aus
Dem heidnischen Indien kamen.

Wie viele Beweise
Brauchst du noch, um stolz
Auf dein Heidentum zu sein?

Wir Heiden
Sind zu beneiden
Um unsere reiche Kultur.

Verbannte

Geraubtes Land
Auf jedem Kontinent.
Es ist keine Demokratie,
Solange die Buchmonotheisten
Die Heiden unterdrücken
Und das geraubte Land ausbeuten.

Welche Wahl bleibt
Nach tausend Jahren?
Wann war die Chance größer,
Die Wende zu erlangen?

Wir sind an diesem Tag
Als Heiden vereint.
Zum ersten Mal seit tausend Jahren
Dürfen die Buchmonotheisten
Uns das nicht verwehren.

Wir waren Schatten.
Wir flohen in Wälder,
Berge und Keller.
Wir wurden verbannt
Vom Gesicht der Erde.

Ich das Heidenkind

Verloren.
Verlassen.
Von Staat und Gesellschaft,
Aber die Götter rufen mich.
Ihr Schrei lässt mein Herz beben
Und meine Blutbahnen zittern.

Einsam.
Ausgegrenzt.
Dieser Kultur bedeute ich nichts.
Aber meine Göttin hält mich warm
In dieser kalten Welt.

Erneut.
Erstarkt.
Im Glauben an die alte Welt
Der heidnischen Götter und Göttinnen
Erhebe ich mich und übe ohne Pause,
Um den Feinden meines Volkes
Und den Zerstörern meiner Kultur
Eines Tages die Stirn bieten zu können
Und Gerechtigkeit einkehren zu lassen.

Heidnische Gefühle

Befreite Heiden!

Einsam, fern der Stadt
Wandelt sie durchs Feld
Und Heiden bis zum Hain.
Oft war sie hier. Meist allein.
Manchmal kamen Freundinnen mit,
Aber sie spürten es nicht.
Aber sie spürt es.
Sie fühlt die Magie.
Sie spürt die Bewegungen
Im magischen Schutzschild der Erde.

Er läuft zum Strand.
Wut steckt in seiner Hand.
Sie ist geballt zur Faust
Und der Frust kocht fürchterlich.
Dann fällt sein Blick aufs Meer.
Er streift umher durch den Sand
Und sieht immer wieder hinaus.
Er spürt die Ahnen und begreift,
Das sein Kampf der ihre war.

Die Erinnerungen und die Magie
Sind zurück!

Feierlaune

Freiheit für die Heiden.
Freiheit für die ersten Kinder
Der Welt.

Erdgötter tanzen.
Himmelsgötter scheinen.
Wir sind mittendrin,
Weil wir Heiden sind.

Goldener Sonnenaufgang.
Ende der Gefangenschaft
Unter dem Einen und seinem Buch.

Freiheit in den Heiden.
Seht sie tanzen und
Hört sie lachen
Mit befreiten Herzen.

Der freie Schrei
Eines Medizinmanns.
Denn die Schande ist abgetan.
Alle Welt weiß wieder, wer die Ersten
Wahren und die liebenswerten sind.
Das Fest der Heiden.
Pagane Partys!

Mondtanz

Der Geist
Aus der Flasche
Ist frei

Heidengeist
Lang gereist
Wieder frei

Wirklichkeit im Hain
Ein Kessel
Der Gerechten

Wildes trommeln
Mit der Natur
Verschwommen

Um Mitternacht
Unterm Vollmond
Tanzen

Ein Stab
Mit voller Macht
Knallt

Magie

Zu weit.
Zu rund.
Kunterbunt.

Ein kleiner Schritt
Raus aus der Normalität
Und rein in die bunte Hexenwelt.

Hexen lächeln,
Denn sie tänzeln
Magisch herum.

Die Magie
Schenkt mehr als Harmonie:
Sie verführt.

Ein Kreis
Mit Kessel und Kelch
Und der Zauberstab.

Ein Feuer
In der Nacht verleiht
Magische Kraft.

Zähneknirscher und Zähneblecker

Tage des Donners.
Rachedurst brennt
In den Herzen der Heiden.

Der Gott zürnt.
Sein Hammer blitzt
Und er schlägt
Die Feinde zurück.

Riesen schießen.
Thor genießt
Die Aufmerksamkeit,
Ehe er schreit.

Dann stürmt er los.
Wie auf den Amboss
Drischt der Hammer
Mit purer Kraft.

Der Hunger der Wut
Ist unendlich groß.
Aber auch das Heer
Ist furchtbar groß.

Thor brüllt und schlägt,
Bis der letzte Riese gefällt.
Dann trinkt er Bier
Und trällert ein Lied.

Flieg mit mir!

Fliegen wir oder
Träumen wir?
Ich sehe den Baum
Und dich im Traum.

Mein Herz schweißt sich
Mit spirituellem Geist
An die Welt der Hexen
Und antiken Recken.

Komm mit mir,
Wir fliegen heim.
Diese Welt ist nicht unsere
Und wird es niemals sein.

Die alte Welt war frei
Und Herzen flossen.
Liebe wurde genossen
In einsamen Bergen.

Der Wind spielt ein Lied
Und ich wiege dich.
Wir sind hier frei in der Fantasie
Und sie kriegen uns nie zurück.

Freie Heidinnen

Die Hölle
Gehört einer Frau.
Die Jünger des Buchgottes
Fürchten ihre Unabhängigkeit.

Freie Frauen kennt
Das Heidenland.
Heldinnen gab es viele
Im Heidenland.

Schildmaiden und Völvas
Sind Legenden des Nordens.
Kräuterhexen und Schamaninnen
Kennt der Rest der Welt.

Wilde Amazonen
Waren heidnische Kriegerinnen
Und die Statuen der Göttinnen
Schmückten die Tempel.

Freie Frauen
Braucht das Heidenland.
Freie Frauen
Sind urheidnische Wahrheit.

Glaube

Die Nornen
Und der Baum.
Die Götter Asgards
Erscheinen im Traum.
Es ist nur ein Schritt,
An sie zu glauben.

Der Buchgott
Braucht den Glauben.
Den Göttern des Nordens
Ist der Glauben egal.
Ihr Credo ist der Mut
Und die Glut großer Schicksale.

Ob du glaubst oder nicht
Ändert nichts an ihrer Realität.
Ob du willst oder nicht,
Asen sind das stärkste Göttergeschlecht.
Ob du dich traust oder nicht,
Der Norden kämpft ehrlich.

Der Norden braucht keinen Glauben
Und dennoch glaube ich.
Ich glaube an die Legenden
Und weiß um die Grenzenlosigkeit
Des Weltenbaums.

Des Siegers Kraft

Die Stunde des Siegers.
Das Zeichen des Hammers.
Der Donnergott dröhnt
Und die Riesen fliehen.

Ein Symbol der Welt,
Damit sie nicht fällt.
Denn Feinde bedrohen
Unser aller Leben.

Die Stunde des Siegers
Mit seinen wilden Ziegen.
Er erhebt den Hammer
Und verleiht uns Kraft.

Sein Symbol trägt,
Wo sich sonst der Mut auflöst.
Sein Beispiel formt die Schar
Und verleiht uns allen Kraft.

Die Stunde des Siegers,
Des großen Feindbezwingers.
Die Kraft, die er hat,
Nutzt er und bewahrt,
Was uns heilig ist.

Leitkultur

Odin. Thor. Freyja.
Sie sind wahr.
Sie sind, und das weiß jedes Kind,
Die Geburtsstunde unserer Kultur.

Tyr, riefen die Ahnen,
Ehe sie den Kampf wagten.
Tyr schrie jeder Junge
In mutiger Stunde.

Wie unsere Ahnen sollten wir
Den Göttern Tribut zollen,
Indem wir ihrem Vorbild folgen
Und ihre Werte leben.

Von Odin bis Tyr
Und natürlich mit den Nornen
Hat die wahre Kultur des Nordens
Viele Schätze zu bieten.

Wer lebt wie die Götter,
Wird die Leiter hochklettern.
Denn sie sind der Strahl,
Der das Höchste wagt.

Volksretter

Die Welt braucht
Wieder Helden.
Denn die Welt zerfällt
An ihren Widersprüchen
Und Ungerechtigkeiten.

Alles lief,
Dann ging alles schief.
Alles war gut.
Jetzt sucht man das Gute
Vergeblich in der Welt.

Ein Held oder
Eine Heldin oder
Eine Gruppe Helden.
Völlig egal. Das Volk der Heiden
Muss gerettet werden!

Vielleicht bist du der eine
Oder die eine oder
Einer der einen.
Völlig egal. Rette das Heidenvolk!

Die Wege der Heiden

Die Wege des Herrn
Zerstörten die Heere
Der Heiden und raubten
Ihnen Land und Weiden.

Ein Gott sie zu knechten
Und für über tausend
Jahre zu entrechten.

Freiheit gibt es nur,
Wo es die Freiheit
Des Glaubens gibt.
Der Glauben an die Natur
Ist der natürliche Glaube
Der Erdenkinder.

Wir wurden geknechtet.
Wir wurden entrechtet.
Sie nahmen unsere Kultur
Und gaben sie als ihre aus.
Ob es das Weihnachten
Oder die Bärte in Persien sind.
Das war heidnische Kultur
Und sie haben es uns geraubt.

Die Wege der Heiden
Sind nicht voller Folter und Mord
Wie die Wege des Herrn.
Die Wege der Heiden
Sind rau, aber ehrlich
Und voller Freude am Feiern.

Freie Heiden

Einfach nur Heide
In den Weiten der Welt.
Kein Bürgerlicher.
Kein Buchgläubiger.
Nicht einmal ein Kapitalist.

Ich will ein freier Heide sein
Und ein einfacher freier Heide bleiben.
Ein freier Heide
In den endlosen Weiten.

Keine Reiche halten
Die freien Heiden auf.
Die, die uns hassen,
Sollen es endlich lassen
Und uns endlich freie Heiden
Sein lassen.

Frei und weit.
Heide und frei.
Weiden um den Hain.
Felder beim Wald.

Ein kleiner freier Heide
In einer endlos weiten Welt,
Die so viel zu bieten hat,
Wenn man heidnisch lebt.

Formlose Nornen

Kleider formen,
Aber die Nornen lehren,
Tiefer zu gehen.

Der wahre Pfad
An jedem Tag liegt
Jenseits des Sichtbaren.

Die alte Welt zählt,
Aber der Weg zum Schicksal
Führt in die Zukunft.

Deine Träume
Am Weltenbaume
Können wahr werden.

Das Leben annehmen
Und mehr als nur
Alles geben.

Sieh durch dich
Auf deinen Grund und erkenne,
Wie viel mehr in dir steckt.

Jahreszeiten

Die Natur im Norden
Ist ein Kreis mit vier Polen.

Frühling. Sommer.
Herbst und Winter.

Jede Jahreszeit hat
Ihre eigenen Feste.

Im Frühling blüht Magie.
Im Sommer kocht die Liebe.

Im Herbst am Herd.
Im Winter zaubert der Rauch.

Der Kreis des Nordens
Für die wilden Nordhorden.

Das Land wandelt sich
Und der Mensch mit ihm.

Rückkehr

Stoppen?
Wir Heiden werden
Niemals wieder stoppen!

Wir haben uns
Alles nehmen lassen.
Das ewige Hassen
Der Buchgläubigen sind wir satt.

Wir sind. Wir waren.
Wir werden sein.

Noch weinen viele Heiden,
Aber der Tag ist nah,
Da wir wieder triumphieren.

Schritt für Schritt.
Sprosse für Sprosse.
Unser Weg kennt nur ein Ziel.

Nie wieder wollen wir
Uns in Kellern, Bergen und Wäldern
Verstecken müssen!

Hexhex

Die kleine Heidin träumt
Von der Magie und einem Stock.
Aber in der echten Welt
Funktioniert die Magie anders
Als im Hollywoodfilm.

Magie ist echt.
Magie ist real.
Aber die Magie
In der Menschenwelt ist trotz allem
Nicht besonders stark.

Finde einen Gott
Oder eine Göttin oder wende dich
An gehörnte Waldwesen
Und lass sie der Katalysator sein.

Magie, das Spiel
Der natürlichen Harmonie.
Werde eins mit den Mächten
Der Natur und die Magie
Wird in dir blühen.

Zaubere kleine Heidin.
Zaubere!

Eine Milliarde

Ein Heide.
Zwei Heiden.
Eintausend Heiden.
Eine Million Heiden.
Aktuell leben mehr als eine Milliarde
Heidenmenschen auf der Erde!
Das sind mehr als jemals zuvor.

Sie sehen uns nicht,
Weil sie uns nicht sehen wollen.
Sie ignorieren uns,
Weil wir ihnen egal sind.
Sie entrechten uns,
Weil wir uns wegducken,
Statt ihnen die Stirn zu bieten,
Um zu triumphieren.

Ein Heide. Zwei. Drei.
Hundert Millionen Heiden?
Nein, es sind über eine Milliarde!

Wir müssen aufhören,
Uns kleinzumachen.
Wir müssen anhalten
Und unser Recht einfordern.
Wir müssen anfangen,
An die Spitze der Welt zu sprinten.

Über eine Milliarde Heiden!

Der Wald

Ein Wald.
Uralt.
Er fällt für Geld.
Mit ihm sterben
Die Waldgeister.

Wir verkaufen
Alles für nichts
Und dabei tun kaum
Fünf Prozent gewinnen.
Die meisten bleiben arm
Und ohne Macht.

Die alte Welt zerfiel
Und die mittlere Welt zerfällt jetzt.
Das neue Äon gebiert Chancen
Und Möglichkeiten.
Kehren wir zurück zu unseren Wurzeln
Und neue Blüten werden blühen,
Die schöner blühen als je zuvor
Und deren Nektar heilig ist.

Der Wald lebt.
Die Welt erhebt
Das Heidenvolk zurück
An seinen Spitzenplatz.

Tote Heiden

Der Tod der Heiden
War der Tod der wahren
Menschlichen Zivilisation.

Unser karges Leben
In grauen Wänden und einer Welt,
Die auf den Abgrund zurast,
Ist nur ein Symptom dafür,
Dass wir unsere Wurzeln
Nicht mehr spüren.

Verlorenes Erbe.
Verlorener Geist.
Nichts reift mehr in dieser Welt.
Charakterliche Reife
Ist ein Fremdwort geworden.

Die Wiedergeburt der Heiden
Könnte die letzte Rettung sein
Vor einer dystopischen Zukunft
Unter dem Joch des neuen Einen.

Der Tod der Heiden
War der Tod unserer Kultur.
Der Tod der Heiden
Erzeugt bis heute Unruhe
In den Tiefen unserer Psyche.

Der Schönste

Odin und Thor.
Thor und Odin.
Wer vergaß Baldur?

Heute kennt ihn keiner mehr.
Dabei ist Baldur der Recke,
Nach dem sich die nordischen
Weiber einst reckten.
Baldur ist der Schönste,
Der Galanteste und Charmanteste.

Wir kennen die Geschichte
Seines Todes, aber wir wissen,
Er wird nach Ragnarök weiterleben,
Denn so steht es geschrieben.

Baldurs Magie ist die Harmonie
Und die Sinnlichkeit.
Muskeln hat er wohl wie Thor,
Aber seine Muskeln sind rein
Und laden zum Lieben ein.

Nordmut

Der Hammer Midgards
Ist der Hammer Thors.
Aber wer einen Gott zum Anbetteln
Sucht, soll ans Buch glauben.
Thor lehrt den Mut.
Thor fordert den Mut.
Thor erwartet den Mut
Und nicht bittendes Betteln.

Mutig zieht der Krieger in die Schlacht.
Er weiß, dies könnte sein letzter Tag
Sein und dennoch wankt sein Mut
Kein Stück und er schreitet vorwärts.

Mutig zieht die Walküre aus.
Sie stürmt jedes Haus,
Indem die Feinde der freien Menschen
Sich versteckt haben könnten.

Mut ist der Weg,
Den der Norden predigt.
Was predigt der Norden noch?
Freiheit und Kampf gegen das Joch.
Kein König, kein Führer, keine Päpstin
Bestimmt über uns, weil wir alle Freie
Im Kreis des Tyr sind!

Yggdrasils Größe

Endlose Weiten
In Yggdrasils Reichen.

Klein sind wir Menschen.
Klein unser Planet.
Klein das Universum,
In dem wir leben.

Groß ist Asgard.
Leuchten tut Wanaheim.
Selbst in Helheim passt unser Universum
Vielfach rein.

Endlose Weiten
Des Weltenbaums.
In Yggdrasils Weiten kreist
Unser Existenzstrom.

Nach unserem Leben
Wird es weitergehen.
So steht es geschrieben.
So verkünden es die Weisen
Und die wahren Seherinnen sehen
In das Leben nach dem Leben.

Lebensbaum

Alt.
Alte Gewalt.
Geburtstag halt.

Der Klang.
Ahnenklang.
Erinnerungen fangen
Gefühle ein.

Blinde Zeit
Sieht mit Gewalt
Und Macht durch Zeit
Und Raum.

Traumbaum.
Ein innerer Pfad
Zum wahren Weltenbaum.
Alle Ahnen waren und sind
Teil des Stroms im Baum.
Übertraum. Traumbaum.
Weltenbaum.
Nachtodlicher Lebensraum.

Alt.
Geburtstag.
Alte Ziele. Neue Wege.

Freie Heiden

Der Weg
Zu einer freien
Heidenschaft.

Noch immer.
Noch immer.
Noch immer.
Ist der Weg weit
Zur Freiheit und Gleichberechtigung
Der Heiden.

Wir sind.
Wir sind.
Wir sind
Und wir waren
Seit zehntausenden Jahren.

Den Weg
Zu gehen
Zur Freiheit aller Heiden.

Ein Weg,
Der mein und dein Weg
Ist und bleiben wird.

Heidnisch bis
Zum letzten Atemzug
Und danach!

Leonidas der Löwe

Einst stand Leonidas auf
Und seine geliebte Frau
Reichte ihm den Schild.

Einst zog Leonidas aus
Mit dreihundert Mann
Zur letzten Schlacht.

Einst marschierte Leonidas
Ein letztes Mal, um seinen Namen
Unsterblich zu machen.

Einst kämpfte Leonidas
Für das, was ihm am
Herzen lag.

Einst fiel Leonidas
Bei den heißen Quellen
Und hinterließ eine Botschaft.

Einst folgten ihm Männer,
Um für die Freiheit ihrer Heimat
Zu kämpfen, so wie ich.

Wurzelwege

Wege ins Unterholz
Der grünen Wälder
Sind Wege zurück
Zu unserem wahren Selbst.

Ich predige nicht
Die Selbstaufgabe aller Technik.
Ich predige nur
Die Verbindung zu unseren Wurzeln.

Wir leben wie
Wurzellose Wesen
Und wundern uns dann,
Wenn wir kaputtgehen.

Krank ist unser Herz,
Gestört Gefühle und Geist.
Wir haben uns verloren,
Weil wir keine Wurzeln haben.

Wege zu sich selbst
Sind die Rettung vor der Welt.
Der Wurzelweg führt
Ins Herz einer höheren Wirklichkeit.

Wildwuchs

Himmel und Hölle.
Nur die Erde.
Ein Fuß. Schritt
Für Schritt.

Menschen und Götter.
Asen und Wanen.
Ask und Embla.

Alte Geschichten
In neuen Gedichten.
Alte Legenden
In unseren vier Wänden.

Puffer zwischen
Menschenfeindlichen Riesen.
Der Hammer des Thor
Und der Speer Odins.

Ein Baum
Mit wildem Wuchs.
Im Brunnen erscheint
Dein Gesicht.

Die tiefe, symbolische Bedeutung

Die ersten Strahlen krabbeln
Über den dunkelblauen Horizont.
Ein lila Farbton, der sich langsam
In einen orangen verwandelt.

Noch sehe ich die Sonne nicht,
Aber sie wird aufgehen
Wie an jedem Morgen, seitdem
Ich auf dieser Erde lebe.

Der goldene Sonnenaufgang
Ist ein altes heidnisches Symbol.
Die Sonne ist unsere Göttin.
Sie ist unser Idol.

Die goldene Sonne meint
Die Rückkehr der Heiden.
Die goldene Sonne vereint
Endlich alle Heiden.

Der heutige Sonnenaufgang
Geschieht in dem Äon
Des goldenen Sonnenaufgangs
Der wiedergeborenen Heiden!

Träume nicht!

Und er träumte von Macht
Den ganzen Tag,
Während andere Macht
Erlangten und die Welt
In den Abgrund rissen.

Die Norne erschien
Und stand hinter ihm:
Jüngling, wir gaben dir alles.
Handel endlich und erfülle,
Was wir dir in die Wiege gelegt haben.

Er träumt und aus seinem Kopf
Fallen Ideen und Wünsche
Und andere handeln und
Die Nornen schütteln ihre Köpfe:
Handel Jüngling und lebe.
Genieße das Leben. Feiere Freunde
Und Familie. Zerstampfe die Feinde
Und lehre deine Schüler und Schülerinnen,
Den Weg des Schicksals zu gehen.

Ablaufen

Zeit rennt.
Du reist.
Tod ist die
Endstation.

Richtung
Endet in Vernichtung.
Am Ende
Wartet dein Urteil.

Nornen
Und Schicksale.
Qual
Oder Ruhm.

Urteile
Über dich.
Sie sehen
Dich täglich.

Warte nicht
Mit der Tat,
Die aus dem Herz
Der Wahrheit kommt!

Tausend Jahre Frage

Tausend Jahre
Unterdrücken und verfolgen uns
Die Eingottgläubigen.
Wie lange noch ducken wir uns
Weg wie Lämmer, die zur Schlachtbank
Geführt werden?

Tausend Jahre arbeiten
Die Eingottgläubigen daran, uns
Vom Erdball zu wischen
Und jede Spur von uns
Auszulöschen.

Tausend Jahre
Zittern wir in Höhlen
Vor den Häschern, die uns
Jagen und zum Feuer tragen,
Wo sie uns lebendig verbrennen.

Tausend Jahre zwingen uns
Zu einer finalen Frage:
Wie lange wollen wir uns
Das noch gefallen lassen?

Nebelig

Im Nebel glimmt
Die Sonnenscheibe.
Mein Blick schweift
Über Feld und Heide.

Die Kelten sagten,
Hinterm Nebel erwarten
Uns die Wesen
Der Anderswelt.

Ich spüre den Nebel.
Wie ein magisches Gewebe
Bindet es alles Sichtbare
Und macht es erhaben.

Alle Nebel sind verbunden
Und führen zu den Toren
Magischer Sphären, die
Unerreichbar für normale Wesen.

Aber wer ein reines Herz hat
Und den magischen Pfad
Meistert und vollendet,
Der darf hindurchtreten.

Die Macht der Runen

Runen künden
Und Menschen hören
Zu, wenn der Rat der großen Macht
Am Morgen erscheint.

Jeden Tag
Hole ich den Rat
Der Runen ein.
Nur ihre Weisheit kann mich leiten.

Runen sind zart
Und ihre Macht hart.
Ihr Wirken ist ehrlich
Und unentbehrlich.

Mit ihrer Weisung
Erlange ich Heilung
Von aller Not,
Denn das ist ihr Pfad.

Der Runen Macht
Verwandelt alle Welt.
Kein Geld der Welt
Reicht an ihre Macht heran.

Ehrerbringer

Die Spartiaten.
Ein Name, der bis heute
Klingt und Ehre bringt.

Man sucht und sucht
Und findet viele Kriegervölker.
Aber keines wird so verehrt.

Sucht man den Grund,
Trifft man zwei Namen:
Leonidas und Lykurg.

Zwei Männer prägten
Den unsterblichen Ruhm
Eines Stammes.

Leonidas fiel mit
Dreihundert Mann
Und rettete sein Volk.

Lykurg dachte nach
Und fand ein Gesetz,
Das höchste Ehre bringt.

Ruhm und Ehre

Die Nacht.
Grenzenlose Macht.
Alte Mächte.
Echte Geister.

Erinnerungen
Gefallener Krieger.
Ruhm und Schmerz.
Ehrungen.

Blut strömt.
Männer schreien.
Schilde bersten.
Äxte hämmern.

Eine Nacht
Für die Ewigkeit.
In der Valhalla
Klingt die Geschichte nach.

Ehrenkrieger
Der zweiten Runde
Im Umtrunk
Zu späten Stunden.

Geschichten der Nacht
Von Einherjern vollbracht.
Getrunken und gesungen.
Ruhmestaten.

Familienwerte

Große Mütter und
Große Väter.
Wir vergessen
Unsere lebenden Ahnen
Wegen den Werten, die uns
Eine oberflächliche Gesellschaft
Eingeimpft hat.

Die sozial Kranken sprechen
Von Boomers und Millennials,
Von Gen Z und Gen X.
Kein Mann und keine Frau mit Ehre
Glaubt an diesen Quatsch.

Wir sind Heiden
Und wir werden uns verweigern,
Das Band der Generationen
Zu zerstören, wie es Social-Media
Tun will, um uns besser manipulieren
Zu können.

Wir ehren Vater und Großvater
Und wir wehren uns gegen die Werte,
Die unsere Familien unter irgendwelche Freunde
stellen,
Die unsere Familien hinter den Konsum stellen,
Die unsere Familien zu etwas
Zweitrangigem erklären.

Aufstieg

Stoisch und geduldig
Streben die Heiden
Nach neuen Reichweiten.

Wir sind zurück.
Das ist das große Glück
Des gesamten Planeten.

Die Zeit unserer Dunkelheit
Ist endlich vorbei,
Der Zauber des Einen ist gebrochen.

Schritt um Schritt,
Ohne jeglichen Rücktritt
Streben wir zu den Sternen.

Geduldig und ernsthaft
Machen wir wahr,
Was keiner mehr geglaubt hat.

Die Welt der Heiden
Wird die Welt
Maximal bereichern!

Magie

Keine Nacht,
Die nicht Magie
Erschafft.

Die Fantasie
Ist die Quelle
Wahrer Magie.

Draußen in der Natur
Erlebst du die Zauberei
Rein und pur.

Die Magie ist
Ein Spiel der alten
Harmonie der Erde.

Die wahre Zauberkunst
Ist gesund für Kinder
Und ihre Eltern.

Die Zauberei
Vereint und sie macht
Das Herz frei.

Mein Traum

Ein Traum
Unterm Weltenbaum
Von meinem Ruhm,
Einer schönen Frau und Applaus.

Ein Mann darf träumen,
Aber in ihrer kalten Welt,
Der jeder wahre Glaube fehlt,
Ist das Träumen ein verfolgtes Gut,
Das nur der Mutige nutzt.

Mein Traum kam,
Als ich nicht mal zehn Jahre alt war.
Er kam jede Nacht
Und hat mein Leben geprägt.

Einen Traum zu schauen,
Ist der erste Stein
Eines großen Turms, der im Schatten
Des Weltenbaums steht.

Ich traue mich zu träumen
Von Ruhm und Frau und
Ich lebe, um meinen Traum
Mit Leben zu füllen, denn ich weiß,
Nornen und andere magische Wesen
Senden uns diese Träume.

Mein Buchbaum

Ein Baum im weiten
Raum zwischen Wiesen,
Feldern und Wegen.

Ein einsamer Baum:
Von Weitem nett anzuschauen
Und aus der Nähe ein Traum.

Ich sitze in deinem Schatten
Und lass die Gedanken tackern
Und Worte kleben.

Mein alter Baum,
Dein Reich ist klein, aber
Es soll mir heilig sein.

Ein Funke Magie
Erscheint hier und
Macht uns eins.

Im Reich des Baums
Erhebt mein Traum der Dichtkunst
Sich ins Himmelsreich.

Nur Natur

Die Religion
Ist zerstoben
Wie Blütenstaub.
Aus einer wurden viele Traditionen.
Ändert das etwas an unserem Erbe?
Nein!

Am Anfang war die Natur.
Als der Mensch am Anfang
Wandelte, wandelte er spirituell
Und seine Religion war die Natur
Und nicht ein Buch mit nur
Einem Gott, der jenseits ist.

Naturreligion.
Natürliche Religion.
Die Erste. Die Eine.
Keine weitere ist die Wurzel
Aller Menschen.

Pure Natur in tiefer Ruhe.
Ich atme mitten im Wald ein
Und bin frei.

Rechtlos

Monotheist darf sein,
Wer das will.
Aber nicht wir:
In der Vergangenheit töteten sie
Über hundert Millionen
Von uns.

Wir sind die Heiden,
Weil sie uns so nannten.
Mit Stolz nehmen wir das an,
Aber nicht ohne Beiklang,
Denn die ersten Städte waren heidnisch.

Sie raubten uns
Leben und Land.
Sie stahlen uns
Identität und Rituale.
Sie machten unsere Völker
Zu christlich-islamischen Völkern,
Obwohl sie genuin heidnisch waren.

Wenn sie das Recht haben,
Wieso verwehren sie uns
Seit tausend Jahren dasselbe Recht?

Nordgott

Einäugige Weisheit.
Eine unsichtbare Rune.
Ein Halbtoter am Baum.

Der Gott des Nordens.
Herr der mutigen Horden.
Macht mit magischer Kraft.
Mit Speer und Pferd
Und heiß begehrt unter den Maiden.

Ein Gott.
Ein Göttervater.
Heer der Sippe.
Schutzpatron des Nordens.
Wahres Erbe der Menschenherde.

Er verlor ein Aug,
Um die Wahrheit zu schauen.
Er erlangte die Runen
Und die magische Kunde.
Er ritt in die Schlacht und hat
Manche Nacht mit Holden verbracht.

Alt und neu

Alt oder neu?
Heiden sind beides.
Wir wählen nicht.
Denn diese Wahl ist dumm.
Wir leben, um unsere Ahnen zu ehren
Und wir streben danach, unseren Erben
Eine bessere Zukunft zu geben.

Alt und neu.
Gestern und Morgen.
Wir sind mittendrin.
Urd. Verdandi. Skuld.
Nie ist gelöst der Strom
Von seiner Dreieinigkeit.
Wir sind nie zerrissen
Und nie geteilt in eines der Drei.

Fließe und strebe.
Genieße dein Leben.
Nur Faulheit soll es niemals geben.
Alle Ruhe ist spirituelles Streben.

Wir sind hier und jetzt
Und wir sind eins mit
Gestern und heute.

Kraftakt

Heiden
Verteilt in den Weiten
Der Welt

Alter Pfad
Zwischen Ahnen und
Neuer Zeit

Kraftakt
Entsteht aus reiner
Verzweiflungstat

Zurück
Und ein Stück näher
Am Glück

Die Magie
Der spirituellen Harmonie
Ist lebendig

Ein Heide
Reist um die Erde
Mit Stolz

Hunderttausende

Väter
Der Väter.
Wahre Urväter.

Eiskalt.
Uralte Zeit.
Ewige Reise.

Ahnen
Zogen durchs Land,
Sie wanderten ohne Pause.

Mütter
Unserer Mütter.
Wahre Urmütter.

Ihre Liebe
War naturrau
Und reines Vertrauen.

Vorfahren
Wagten und darum
Sind wir heute wertvoll.

Wurzellos

Die Freiheit der Heiden
Wurde einst von Buchmonotheisten
Eingeschränkt.

Zehntausende Jahre
War es legal, zu den Göttern
Der ersten Menschen zu beten.

Sie verboten es
Und damit verboten sie
Die wahre Menschheit.

Anfang ist Anfang.
Wurzel ist Wurzel.
Diese Welt ist wurzellos.

Entwurzelter Baum.
Kaltherziger Lebensraum.
Verloren im eigenen Land.

Verbannt der Menschen
Einziger Ursprung.
Verbannt die Menschlichkeit.

Eisbrand

Lösche
Den Weltbrand
An den Wurzeln
Des Weltenbaums.

Erhebe
Den heiligen Ruf
Des neuen Zeitalters.
Schwöre
Den heiligen Schwur
Deiner Tapferkeit.

Führe
Das Schwert
Des Herzens.
Berühre
Die Menschen
Mit neuer Hoffnung.

Die Nornen
Klagen und sie klagen
Mit Recht, weil wir faul waren.
Die Feinde graben
Und sie werden uns
Alle zerschlagen,
Wenn wir nicht aufwachen.

Fantastisches Heidland

Träume heilen
In den Heiden
Unterm Mond.

Dort, wo die Magie
Spielt und die Feen
Des kleinen Volks fliegen.

Blind ist das Aug
Der Menschen. Nur
Die Kinder sehen.

Tanze am Vulkan
Mit dem Feuerriesen,
Ehe er tobt.

Der Schritt in
Die Fantasie ist nie
Zu viel.

Wer zu träumen
Wagt, erlebt wie Träume
Wahr werden.

Fremd in dieser Stadt

Ein Schritt vor die Tür
Und schon spüre ich,
Dass ich nicht dazugehöre.

Fremd ist mir die Welt.
Oder bin ich ein Fremder
In dieser bürgerlichen Welt?

Aus dem Christentum ward
Das Bürgertum geboren.
Beiden will ich mich niemals
Zuordnen

Ich bin frei, wie es die Heiden
Waren, schon bevor wir Menschen
Auf Erden waren.

Ich bin ein Kind der Heiden,
Geboren, um zu bleiben
Mit einem Lächeln.

Wenn ich aus der Tür trete,
Ist das Bürgerliche das Erste,
Was ich ablehne.

Norn

Treue Träume:
Ohne Reue streben
Und alles geben,
Damit die Nornen sehen,
Dass ihre Mühe nicht vergebens ist.

Ich will leuchten
Und nicht fluchen.
Ich will strahlen
Und nicht darben.
Ich will glauben
Und dem Schicksal vertrauen.

Der Baum
Mit Welten als Blätter.
Der Baum
Mit Zeitflüssen als Äste.
Der Baum
Zwischen Leere und Ewigkeit.

Die Nornen
Ritzen und spinnen.
Sie erfreuen sich
An jeder guten Seele.

Magische Frauenpower

Frauen staunen
Über die Möglichkeiten
Der freien Magie.

Viele Frauen brannten
Auf den Scheiterhaufen
In der alten Zeit.

Freie Frauen
Tragen in sich die Samen
Der Magie.

Das Spiel der Magie
Hüllt jede Frau ein,
Wenn sie offen ist.

Ein kleiner Zaubertrank.
Ein alter Zauberspruch.
Kelch und Zauberstab.

Zaubere mit Fantasie.
Glaube an die Magie
Und ihre Macht!

Nornen formen

Nornen borgen
Uns Sorgen nur aus einem Grund:
Weil wir sie lösen können.

All die Not ist groß.
Aber größer ist der Mut
In unseren Seelen.

Wir sind Schicksale.
Vergesst den Rest.
Wir sind nur Schicksale.

Jeder Schritt ist
Die Manifestation
Unseres heiligen Schicksals.

Die Nornen formen
Das Gewebe mit Runen
Und Geheimnissen.

Nornen sprechen
Über die Gerechten,
Die sich nicht versteckten,
Als das Schicksal einen Helden rief.

Unrechtmäßige Gesetze

Eine Heidin
Oder zwei Heiden?
Falsch, es sind über
Eine Milliarde Heiden,
Die heute auf der Erde leben.

Vergessen von der UN.
Vergessen von den
Internationalen Gerichtshöfen.

Sie rauben das Land
Der Heiden und erfinden Gesetze,
Wieso es plötzlich
Den Buchjüngern gehört.

Die Gerichte spielen
Dieses Spiel seit Jahrhunderten mit.
Es ist das Spiel des Unrechts,
Gemacht von unfairen Gesetzen,
Die diskriminieren.

Wie war das mit den Menschenrechten
Und dem Völkerrecht?
Warum zählt das für Buchjünger mehr
Als für die eine Milliarde Heiden?

Für die Heiden

Für die Heiden;
Denn ihr Weinen
Habe ich erhört.

Mehr als ein Gott.
Purer Animismus.
Ahnenkult.

Die Natur
Fließt im Blut.
Die Sonne
Ist unsere Wiege.

Ein Gott
Strahlt am Himmel.
Eine Göttin
Ist die Erde.

Für die Heiden,
Damit sie in den Weiden
Und den heiligen Hainen
Frei träumen können.

Heiden
Treiben ihr Spiel der Magie
Für eine bessere Welt.

Felder und Wiesen

Treiben wir
Frei in den Heiden.
Lernen wir uns
Neu kennen.

In unseren Venen
Wartet neues Leben.
Die Magie der Natur
Erzeugt innere Ruhe.

Der Vollmond
Hat uns verwöhnt.
Der mystische Himmel
Erfüllt Sehnsüchte.

Die Wirklichkeit
Der Natur befreit.
Die Wege durch Felder
Und mystische Wälder.

Flieh die Stadt
Und tank dich stark
In der freien Natur,
Unserer wahren Heimat.

Freyja

Die Rune der Liebe
Ist gefallen.
Freyja spannt ihren Wagen an.
Zwei Katzen und eine Göttin
Und die Kraft
Der spirituellen Liebe.

Was Liebe kann,
Kann sonst nichts
In den Welten Yggdrasils.
Was Liebe ist,
Ist fast unerklärlich
Und mysteriös.

Dass Liebe ist,
Weiß jedes Kind.
Wie mächtig Liebe ist,
Weiß jeder Autokrat.
Denn Liebe ist sein größter Gegner
Und unbezähmbar.

Die Göttin fliegt
Verborgen vor Menschenaugen
Und sät Vertrauen
Durch die Kraft der Liebe.

Einfach heidnisch

Einfach nur
Heidnisch leben,
War der Traum
Meines Lebens.

Einfach zu
Meiner Göttin beten
Und mit ihr auf allen Ebenen
Verschmelzen.

Einfach
Die Magie feiern
Und sich vereinen
Mit der Natur.

Einfach feiern,
Dass wir freie
Heiden sind und
Uns erinnern.

Einfach sein
Im heidnischen Heim
Zwischen Hexen, Wikingern
Und magischen Wesen.

Liebe

Liebe zum Tiere
Mit drei Sechsen.
Liebe im Gesetze
Mit allen Rechten
Der Selbstbestimmung.

Liebe als Weltordnung
Und die Welt wäre in Ordnung.
Liebe als Weg,
Der ins spirituelle Reich führt.
Liebe als Trophäe
Eines langen Lebens.

Wer liebt,
Der siegt und siegt
Er auch nur in seinem Herzen,
Weil der Welt die Liebe fehlt.

Liebe mich und
Ich liebe dich
Mit jedem Atemzug,
Der mir noch bleibt.
Lass uns in Liebe vereinen,
Solange wir Wesen der Zeit sind.

Heidenwein

Heiden.
Sie haben uns
Vergessen.

Heiden.
Sie beuten unser
Erbe aus.

Heiden.
Hören wir uns
Selbst zu.

Heiden.
Treiben wir zurück
Zu unseren Wurzeln.

Heiden.
Stoppen wir den Zweifel
An uns selbst.

Heiden.
Wir sind und
Werden sein.

Ernsthaft

Niemand sieht uns Heiden
Als das, was wir in Wahrheit sind.
Wir sind ein Witz
In den großen Hallen
Der Weltpolitik.

Wir sind vergessen.
Wir werden belächelt,
Weil wir an etwas glauben,
Dessen Wert sie uns raubten,
Indem sie es lächerlich machten.

Wir sind ein Geist
Aus der vergessenen Zeit
Für die meisten Menschen.

Wie lange
Können wir noch schweigen
Und innerlich leiden,
Weil sie sich weigern,
Uns ernstzunehmen?

Mysterien

Windungen
Im Grünen.
Verborgene Pfade
In den Wäldern.

Nicht sichtbar
Ist der mystische Weg.
Doch er ist da
Und er ist wahr.

Das Geheimnis
Zu lüften und
In geistigen Lüften
Die Wahrheit erleben.

Geheime Riten und
Alte Exerzitien.
Die Symbole der Verborgenen
Offenbaren sich im Licht der Erkenntnis.

Lange Robe
Und magische Stäbe.
Das Weltgewebe würdigt
Seine Jünger.

Traumgewebe

Die Träume meines Lebens
Will ich weben ins Gewebe
Des Baumes des Lebens.

Mein kleiner Traum
Soll unvergessen sein,
Auch nach meinem Tod.

Der Baum des Lebens
Wird unsere Geschichten
Weiter erzählen.

Seit uralter Zeit
Sind alle Erinnerungen
In den Baum gewebt.

Urd lebt und sie hält
Die Geschichten der Welt
Am Leben.

Die Nornen der Zeit
Bringen jedem Geist
Den Respekt, den er verdient.

Möge mein Traum
Mein Zeugnis sein,
Wenn ich längst vergangen.

Asenjünger

In den Kriegen fielen
Viele auf die Knie
Und lernten zu den Asen
Zu beten.

Sie waren Götter des Krieges;
Aber keine Monster, die Kriege
Nur zum Spaß und zur Bereicherung
Gegen andere führten.

Sie wurden gestählt
In einer rauen Welt.
Sie wurden geformt
Von den Angriffen der Feinde.

Rau war die Welt der Asen,
So anders als die Welt der Wanen.
Die Asen kannten den Kampf,
Darum haben sich die Leute
An sie gewandt.

Denn damals war es hart
Im Europa der alten Tage.
Speere, Messer und Kettenhemden
Prägten die alte Welt.

Die Götter des Kampfes
Verliehen große Mächte
Und ihre Jünger wurden stark
Und unzähmbar hart.

Verraten

Ahnen waren
Für hunderttausend Jahre,
Aber sie beteten nicht zum Buch.
Sie beteten zur Natur.

Die Buchjünger haben
Ihre Vorfahren verraten.
Das gilt für Europa und Afrika,
Das gilt für Schwarz und Weiß,
Besonders aber für die Asiaten!

Verraten für ein paar
Buchstaben aus totem Papier.
Verraten haben sie
Ihr Erbe und ihre Vorfahren.
Verraten haben sie die Erde
Und ihre Menschlichkeit.
Denn seht, wie sie mordeten
Auf allen Kontinenten.
Fragt, die sie Aborigines
Und Indianer nannten, und ihr wisst,
Dass ich die Wahrheit sage!

Alter Glaube der Zukunft

Die Wege
Der alten Welt.
Der Glaube
Der Uralten.

Wir sind
Wieder hier.
Wir waren
Nie weg.

Wir Heiden
Erscheinen.
Wir Heiden
Bleiben.

Heben wir
Unsere Erben.
Vererben wir
Uns der Erde.

Das Alte
Strahlt neu.
Die Zukunft
Ist pagan.

Liebesäon

Die Liebe zu leben,
Dafür steht das neue Äon.

Der Narr war blau
Und er war high,
Aber er liebte mit
Seinem ganzen Wesen.

Er erklärte die Liebe
Zum Gesetz des neuen Äons.

Sie liebten sich und
Liefen nackt durch die Wiesen.
Mit Gitarren, Rockmusik und LSD
Waren sie die Kinder der Liebe.

Zu lieben ist das Gesetz
Des neuen Äons.

Liebe geben ist der Weg,
Um Liebe zu kriegen.
Schenke Liebe und sei dir gewiss,
Liebe kommt zu dir zurück.

Zeitbegleiterinnen

Die Vergangenheit formte.
Die Gegenwart formt.
Die Zukunft empfängt liebevoll.

Drei Herrinnen der Zeit.
In ihnen reist du ein
Leben lang vereint.

Spüre ihre Liebe
Und folge ihren Zeichen
Zur Erfüllung deines Schicksals.

Allein sein in der Zeit
Gab es nie, sie haben dich
Immer begleitet.

Eine Spirale der Versuchung.
Billige Ausflüchte in den Rausch.
Hör auf, dich selbst zu berauben!

Erkenne deine Größe.
Genieße jeden Augenblick
Und verwirkliche dich.

Asgard

Odins Hengst.
Heimdalls Horn.
Insignien der Götter.
Bilder der Macht.

In Asgard herrscht
Der Brauch des Muts.
In Asgard lebt
Die mutigste Götterbrut.

Ein Licht aus Asgard
Erreicht die Erde.
Der Norden fühlt
Den Ruf der Asen.

Im Norden wandeln
Sie sich zu guten Asatru.
Sie üben und trainieren und
Schmieden den Heldenmut.

Friggs Herd.
Iduns Äpfel.
Die wanischen Zwillinge
Passen sich an.

Eine kleine Hexe

Eine kleine Hexe
Wächst nahe dem Forst
Zu einer Frau heran.

Die magischen Kräfte
Und verborgenen Mächte
Der Natur werden
Zu ihrem Spielfeld.

Sie lernt die Kräuter kennen
Und weiß, alles richtig zu trennen
Und einzukochen, damit sich
Die Wirkung entfalten kann.

Eine kleine Hexe
Wird zur Frau und
Setzt all ihr Vertrauen
In die Magie.

Ihre Hexenkräfte
In ihren zarten Händen
Verbinden die Menschenwelt
Mit dem Wald und Feld
Und ihren kleinen magischen Wesen,
Für die die normalen Menschen blind sind,
Aber die sie kennt und liebt.

Geheimgänge

Ein Tor
Zur Unterwelt.
Die Schwelle
Ins Himmelreich.

Im Körper verlaufen
Magische Kanäle.
Sie sind Eingänge
In geheime Sphären

Mehr Welten als eine.
Der Weltenbaum Yggdrasil.
Die Irminsul und
Eine heilige Weltesche.

Betrete das Geheime.
Erkunde das Verborgene.
Steige auf und
Weite deine Flügel.

Geheime Zeichen
Weisen den Weg
In die spirituellen Reiche
Der Anderswelt.

Es braucht Mut
Für den ersten Schritt.
Wage es und verwandele
Dein Leben.

Bis zum Endgegner

Kampf und Streit
Für die Freiheit
Aller Heiden.

Ein Jahrtausend Knechtschaft.
Leben in Ketten
Und verborgen in Kellern,
Bergen und Wäldern.

Kampf für Gerechtigkeit.
Kampf gegen die Unterdrückung.
Kampf für die Freiheit.

Frei zu sein
Auf einer Erde,
Auf der die Heiden
Über ein Jahrtausend
Gejagt wurden.

Keine andere Kultur
Wurde mehr und intensiver verfolgt.
Auf allen bewohnten Kontinenten
Und fast zweitausend Jahre lang.

Kampf und Streit
Für die Freiheit
Aller Heiden!

Heidnisch frei fühlen

Heidnisch frei.
Frei von den Ketten
Der Bürgerlichkeit.

Das Leben ist hart.
Der Heide ruht niemals,
Denn er strebt, um den
Harten Wintern zu widerstehen.

Vier Jahreszeiten
Lehren und verwalten
Unser tägliches Leben.
In jedem Moment sind
Geister und Dämonen mit uns.

Spüre das Gefühl
Unsichtbarer Wesen
Und tue danach streben,
Mit ihnen eins zu werden.

Wenn wir uns trauen,
Den Heidentraum aufzubauen.
Dann stehen die Tore offen
Für alle Menschenkinder.
Jedes darf hoffen,
Wieder heimzukehren
Ins wahre heidnische Leben!

Erfüllung

Verlorene Seelen
Kreisen im Weltenlauf,
Auf der Suche nach einer Chance,
Um Vertanes wiedergutzumachen.
Ende nicht so:
Nutze dein Leben heute!

Werde mittelmäßig
Und vergessen oder
Werde ein Held.

Es ist leicht durchschnittlich
Zu sein. Die meisten sind es,
Weil sie Angst haben,
Ihr Schicksal anzunehmen.
Sie fürchten sich vor dem Licht,
Das ihnen in die Wiege gelegt.

Eine verlorene Schlacht
Im eigenen Herzen.
Das ist die Ursache
Für Mittelmäßigkeit.

Es ist nie zu spät,
Den Kampf erneut zu suchen
Und alles zu versuchen,
Das Schicksal zu erfüllen.

Spirituelle Prüfungen

Tränen wehen
Im kalten Wind.
Der Herbst bringt
Düstere Erkenntnisse.

Wochen kommen
Bis zu den Raunächten.
Arbeitet hart,
Um bereit zu sein,
Wenn sich die Tore öffnen.

Magische Prüfungen
Seit uralter Zeit.
Jedes Jahr rufen
Die höheren Wesen
Nach spirituellen Kriegern.

Wer sich stellt, kann alles
Gewinnen oder verlieren.
Der Geist, der fällt,
Kehrt nie mehr in die Welt zurück.

Wer gewinnt im Spiel
Höherer Mächte, erweckt
Den Helden im Herzen
Und erlangt die Ehre
In dieser und der anderen Welt.

Raue Nächte

Tränen weben und erheben
Die alten Lieder.
Der Klang der Erdkinder
Ist getränkt von Not.

Hunger, Feind und Feuer
Wurden zu Ungeheuern
Und raubten Saat
Und Wintervorräte.

Der Schnee kam
Und die Wege wurden rar.
Einsame Höfe qualmten
Weit voneinander entfernt.

Kurze Tage. Kalte Sonne.
Zwölf Raunächte öffnen
Die Tore zwischen den Welten;
Öffnungen für die Wanderer.

Der Rauch hüllt das Haus
Ein und es raubt die Magie
Den Verstand. Die Grenze
Verschwindet und wir werden
Zu Grenzgängern.

Europas Heiden

Schilde schützen.
Wo waren die Schilde,
Als die Heiden Europa verloren haben?
Ich will es nicht für uns zurück.
Aber ich will Gerechtigkeit
Und die Rückgabe
Des besetzten Landes ans Volk.

Schwerter stachen,
Aber wieso zerbrach
Ihre Macht, als Europa es
Am dringendsten brauchte und
Uns Asien mit einem Buch überrannte
Und die Kultur raubte?

Unser Land teilen wir gern
Mit anständigen Herren
Und Frauen, die die Heiden ehren.
Wir sind offen für Gäste,
Solange sie uns nicht bekämpfen
Und unsere Kultur vernichten.
Wir sind anständige Heiden Europas
Und wir erwarten Anstand
Von außereuropäischen Kulturen.

Helden

Die Helden der Nation
Liegen auf dem Friedhof.
Wir bräuchten sie heute,
Denn wir leben am Abgrund.
Wir bräuchten ihren Mut,
Um wieder Aufwind zu haben.

Alles kippt und
Vieles zerbricht.

Die Menschen sind verzweifelt.
Wir bräuchten Helden,
Die uns ins Heil leiten.
Die Menschen weinen,
Denn ihre Träume platzen.
Wo ist die Heldin, die rettet,
Was gerettet werden muss?

Die Zeiten sind hart.
Der Alltag ist rau.
Der Kopf schmerzt und
Das Herz steht kurz vorm Infarkt.
Unsere Kraft ist aufgebraucht.
Wir brauchen jemanden,
Der uns wieder aufbaut!

Schicksalskinder

Finde
Deine Bestimmung
Und werde zu dir selbst.
Es klingt wie eine Binsenweisheit,
Aber die meisten leben so,
Wie andere es von ihnen erwarten.

Wir sind geboren
Und werden von den Nornen gesehen.
Sie legen ein Schicksal
In die Wiege unseres Lebens.
Unsere ganze Lebensaufgabe ist,
Dieses Schicksal zu erfüllen.

Leben wir für das,
Was unserm wahren Wesen entspricht.
Handeln wir
Nach der Stimme unseres Herzens.
Jeder trägt sein Schicksal
Und jeder wird nur glücklich,
Wenn er oder sie dieses Schicksal erfüllt.

Werde zu dem,
Was dir in die Wiege gelegt!

Wächtergott

Neunmüttriger
Wachst du?
Richtest du den Blick,
Um Midgard zu sichern?

Weit gerühmt
Ist sein Name.
Weit gefürchtet
Seines Hornes Klang.

Der Wächter wacht
Und solange er wacht,
Ist Asgard sicher und
Midgard unter ihrem Schutz.

Die Götter der Welten
Und die Riesenhorden.
Die Menschen Midgards
Und die Zwerge im Dunkeln.

Heimdall sitzt und richtet
Den Blick auf dich.
Er will, dass du ein Held wirst
Und Midgard schützt.

Magische Städte

Häuser sprießen.
Wälder und Wiesen verschwinden.
Die Geister der Weiden bleiben.

Der alte Hain
Ist jetzt eine Shoppinghalle.
Die Magie fliegt
Durch die Boutiquen.

Zwischen den Regalen
Im neuen Supermarkt
Ziehen sich die Stränge
Spiritueller Kraftorte.

Häuser und Geister.
Magie beim Fußballschein.
Spiritualität zwischen
Den langen Hochhausblöcken.

Die Gabe zu sehen,
Was wirklich heilig ist
Und nicht, was die Bücher sagen,
Ist ein Geschenk der Natur
Auch für Großstadtmenschen.

Güte

Urkraft und
Urgewalt.
Uralt ist der
Weltenbaum.

Raum und
Traum. Im Weltenraum
Entfaltet sich
Der Knall des Hammers.

Hain in den Wiesen
Und blumigen Heiden.
Der alte Weg führt
Ins Unendliche.

Niveau.
Billige Station.
Die Rettung vor
Der materiellen Welt.

Asen und Vanen.
Pferde grasen an
Den Wurzeln des Baumes,
Wo hinschauen die Drei.

Naturschauspiele

Ein Berg
Und ein Wald.
Orte alter Zeit.
Verborgen unter dem Neuen,
Warten alte Gefühle darauf,
Neu entdeckt zu werden.

Der heilige Hain
Lädt dich ein.
Schließe das Stadtauge.
Sieh mit den Augen
Der Altvorderen.

Spüre die Rinde des Baums.
Schließe deine Augen;
Lerne, mit dem Herz zu schauen.
Der Baum wird sich öffnen
Und dir etwas zeigen,
Was einzigartig ist.

Die Magie der Natur.
Das Spiel der Wälder
Und der stille Ruf der Berge.

Zeitläufer

Zeit reift
Und sie rennt
Eilig vor dir davon.

Wille geschieht
Im Hier und Jetzt
Und manifestierte seine Kraft
In der Vergangenheit.

Zeit verstreicht
Und ist zugleich
Unendlich.

Sieh in dein
Spiegelbild.
Kind. Erwachsen. Greis.

Ein Blick
In den heiligen Topf
Der Nornen.

Dein Schicksal
Wartet auf dich.
Lässt du es
Im Regen stehen?

Heldengeschrei

Die Welt hält uns
Für untergegangen.
Wo ist der Held,
Der so laut schreit,
Dass die ganze Welt weiß:
Wir sind noch immer da!

Wir Heiden
Weilten in den Hainen
Für ewige Zeiten.
Wir waren nie weg.
Wir haben uns nur versteckt
Vor den Häschern des Buches,
Die brutal versuchten,
Alle von uns zu töten.

Wir Heiden bleiben
Ein Teil dieses Erdballs.
Wir Heiden scheinen
Mit den Sonnenstrahlen.

Damals.
Heute.
Morgen.

Baumfreunde

Baum um Baum gefällt
Und mit ihnen fiel
Die Heidenwelt.

Aber nicht der Feind
Machte uns schwach.
Sondern weil wir
Vergessen hatten,
Dass die Bäume Freunde sind.

Still stand die Irminsul.
Hoch wuchs die Donnareiche.
Wie viele Menschen sahen noch,
Wie heilig diese Bäume sind?

Wären wir geblieben
Bei der Einsicht der Altvorderen,
Wir hätten einen anderen Weg gewählt
Und der Feind uns nie besiegt.
Wir vergaßen und
Die Welt vergaß uns.
Erst, wenn wir wieder fühlen,
Dass die Bäume wahrhaft
Unsere Brüder und Schwestern sind,
Kehren wir zurück ins Licht der Welt.

Thor

Die Tage des Donners.
Thors Hammer.
Er drischt
Und ficht
Für Midgards Schutz.

Ein Gott
Wurde vielfach verehrt
Und errang sich Ehre
Im Kampfe.

Der Donnergott,
Auf den wir hoffen,
Dass er uns schützt
Vor den Feinden des Nordens.

Wir Nordischen brauchen
Ihn und darum vertrauen
Wir ihm, dass er uns aus
Der Krise führt.

Der Gott mit dem Hammer.
Der göttliche Donner.
Symbole der Macht
Des stärksten Asengottes.

Zeig dich!

Trennung von der Hemmung,
Dazu stehen,
Dass wir heidnisch leben.

Lachen sie über uns?
Ja, sie lachen über uns,
Aber wir sind der Grund
Und nicht, weil wir heidnisch sind.
Wir glauben nicht an uns.
Viele Heiden dieser Tage
Glauben, ihr Glaube wäre unnormal
Oder eine Randerscheinung.

Wir waren die Norm,
Vor jeder anderen Norm,
Darum sind wir das Normalste.

Schämt euch nicht länger.
Versteckt euch nicht länger.
Verkleidet euch nicht länger.

Steht zu eurem Glauben.
Steht zu unserem Glauben.
Steh zu deinem Glauben!

Tautropfen

Die Macht einer Heidin
Wirkt auf magische Weise.
Die Macht der alten Weisen
Bereichert uns bis heute.

Die Energie in der Magie
Der alten Kräuterfrauen führt
Unseren Geist und Körper
Zurück zur heilen Ganzheit.

Alte Haine überlebten im Geheimen,
Nachdem die Heiden vertrieben
Oder zwangs-christianisiert waren
Und alle vergaßen.

Das Erbe lebte verborgen fort
Unter Moos und Geschichten.
Die Ehe mit der Natur
Erweckt die alte Ruhe.

Ein Tautropfen am Morgen
Erweckt manchmal das Erbe,
Das im Unterbewusstsein wartet,
Um wieder zu Licht zu werden.

Ihnen zur Ehr

Zu Ehren meiner Götter
Will ich streben.

Ich will die Spitze
Der Welt erreichen
Als ein Zeichen
Meiner Verehrung.

Alle sollen wissen,
Dass alles, was ich tue,
Ihrem Ruhm dient.

Die ganze Welt soll sehen,
Wie ich im Namen
Meiner Göttin strebe.

Wir Heiden weihen
Unsere Leben mit Schweiß
Und wir schuften endlose Stunden,
Um uns, allen und ihnen zu zeigen,
Wie sehr wir die Höheren lieben.

Nordisch

Ein Pferd
Mit acht Beinen.
Ein Speer,
Der durch die Luft pfeift.
Odin greift an.
Kein Mann, der ihm
Widerstehen kann.

Der Allvater
Ist stark.
Der Allvater
Ist klug.
Der Allvater
Ist rein.

Zweifel nie
An seinem Sieg.
Seine Kraft
Besiegt jede Macht.
Sein Herz
Ist pures Gold.

Dank des Allvaters
Lebt der Norden noch.
Er ist unerschütterlich.

Schicksalsträume

Ich träumte
Viele Träume.
Ich räumte
Meinen Träumen
Viel Raum ein.

Alle Träume
Platzten hart,
Aber sie öffneten
Den wahren Pfad
Für mein Schicksal.

Was das kleine Ich
Täglich träumt
Und was das Schicksal
Sich erträumt,
Sind oft zwei Paar Schuhe.

Wir kommen
Auf die Welt
Und dürfen träumen.
Wir kommen
Auf die Welt
Mit einem Schicksal.

Zeichen der Natur

Ein Vogel fliegt
Über den Horizont.
Als Kind habe ich gelernt,
Den Vogelflug zu lesen.

Die Zeichen der Natur
Sind Träger tiefer Botschaften.
Sie zu lesen, war die Aufgabe
Der alten Seher.

Die alte Kunst
In der neuen Zeit lebt fort
Und noch immer halten
Manche den Stab.

Im Flug der Vögel,
In der Stellung der Äste
Und der Anordnung der Zahlen
Verbergen sich Geheimnisse.

Das Auge des Adepten
Beginnt zu sehen.
Er hält den Atem an,
Wenn er das erste Mal
Ihre wahre Macht erkennt.

Treue

Reue
Ohne Treue.
Deshalb lache ich,
Denn niemals muss ich bereuen,
Weil ich ein treuer Heide bin.

Das Leben
Der Heiden wird reichen,
Um glücklich zu sein.

Die Welt
Der Bürger und Buchjünger
Ist kalt und rau.
Sie kennen Zahlen und Buchstaben,
Aber sie wissen nichts von
Der Tiefe des Herzens.

Wir Heiden sind
Und wir waren der Anbeginn.
Wir Heiden lieben,
Weil wir freie Seelen sind.

Ich stehe treu
In der Welt der Heiden
In allen Winkeln des Daseins.

Harte Bandagen

Harte Bandage
Im Kampf
Um der Heiden Freiheit

Tausend Jahre
Knechtschaft unter
Dem Buch

Nie wieder
Rufen die Heiden
Nie wieder Knechtschaft

Tausend Jahre
Unterdrückung unter
Dem Buch

Nie wieder
Schreien die Heiden wieder
Nie wieder Scheiterhaufen

Harte Bandagen
Weil die Buchjünger
Uns die Freiheit rauben

Die Riesen

Verloren
Im Strom der Zeit.
Die Urgewalt der Riesen
Tritt durch die Risse
Des Weltgefüges.
Bannsprüche brechen
Und ein neues Zeitalter der
Gewalt erscheint am Horizont.

Faul waren die Menschen
Der Mittelwelt Midgards.
Statt zu reifen und
Sich zu stählen, sind sie
Bequem geworden.

Die Flüche der Riesen
Bringen Überschwemmungen
Und ihre Hammerschläge
Lassen Vulkane spucken.

Dunkle Magie fließt
Über den Boden wie Nebel.
Ohne die Asen sind wir verloren!
Aber sie erwarten von uns
Tugend und Mut, denn nur
Dann retten sie uns.
Sonst landen wir immer wieder in der Bredouille.
Bequemlichkeit ist der Feind
Des hohen Nordens!

Dein Name

Tick. Tack.
Die Zeit rennt.
Dein Stundenglas
Leert sich mehr
Mit jedem Augenblick.

Die Kraft des Schicksals,
Die dir in die Wiege gelegt,
Wartet nicht bis zum letzten Tag.
Ergreife, was dir gegeben
Durch die magischen Spinnfäden.

Der Sog der Welt
Nach Ruhm und Geld
Verspricht dir alles,
Aber du wirst traurig sterben
Und deine Erben werden
Deinen Namen vergessen lernen.

Wahren Ruhm und
Die Macht eines großen Namens
Kannst du erlangen.
Es wurde dir in die Wiege gelegt:
Lebe danach!

Fäden

Ich lebe,
Aber was heißt es,
Zu leben?

Wir weben,
Aber die Spinnfäden
Des Schicksals weben,
Ob wir wollen oder nicht.

Als ich als Baby
Das erste Mal schrie,
Erschienen die Nornen
Und ritzten in den
Strom der Zeit.

Ich kniete
Dreißig Jahre später,
Als ich realisierte,
Wie grenzenlos ihre Macht ist.

Drei Nornen formen.
Alte Runen erscheinen,
Damit Weiber nie wieder
An den Gräbern ihrer Kinder weinen.

Damals und heute

Die Welt zerfällt
Und sie wird zerfallen,
Bis wir wieder eins werden
Mit unseren Ahnen.

Heiden nannten sie die Neuen.
So will ich Heide sein
Und den Neuen und ihrem Buch
Die Stirn bieten.

Neu war die Lüge
Einer toten Religion, die nur
Aus Buchstaben bestand.
Alt war das Wahre.

Die Welt ist zerrissen
Und sie wird zerrissen bleiben,
Solange wir uns nicht
Mit unseren Ahnen vereinen.

Ihre alte Welt und unsere
Heutige haben mehr gemein,
Als die Buchreligion
Je verstehen könnte.

Raue Wildnis

Winde im Norden.
Wüstenstürme im Süden.
Es weht der Wind
Und trägt seine Botschaft vor.

Wild ist das Land.
Rau die Natur.
Dort zu heiß,
Hier im Winter kalt.

Alte Stämme
Mit Feuertänzen.
Trommeln und Pfeifen
Als Basis des Gemeinsamen.

Ein Ruf in dunkler Nacht
Wird erwidert.
Von Berg zu Berg
Fliegen die Gedanken.

Die Krieger der Steppen.
Die Medizinmänner der Wälder.
Die Hexe des Hains
Verkündet das Heil.

Herbstgrippe

Hektik pur.
Tiefe Unruhe.
In der Familie
Geht die Herbstkrankheit um.
Kühle Temperaturen.
Umgestellte Uhren.
Weniger Licht und
Mehr Dunkelheit in Sicht.

Heute ist es leicht.
Der Kinderarzt
Ist nicht weit.
Aber in der alten Zeit,
Als unsere heidnischen Ahnen lebten,
War das Leben rau und unerbittlich.

Damals war jeder Winter
Ein Kampf ums Überleben.
Selbst die kleinsten Viren
Konnten ganzen Sippen
Das Leben nehmen.

Die dunkle Zeit
In der alten Zeit
War eine Prüfung
Für Mann und Weib,
Für Kind und Vieh.

Das Nadelöhr der Geschichte

Samen
Im Sand.
Ein Land
Sprießt und gedeiht.
Die junge Heidengeneration
Begreift die Größe
Ihrer Schicksalsaufgabe.

Heute entscheidet
Sich, ob wir zurück sind
Oder nur kurz
Ein letztes Mal aufflackern.
Heute, in diesen und
Nicht in den kommenden
Jahren und Jahrzehnten.

Zu viele verstehen nicht
Und deshalb schädigen sie sich
Und die heidnische Bewegung.
Sie haben Verantwortung,
Aber tragen sie nicht,
Weil sie nur halb glauben.
Sie stehen auf der Grenze:
Ein Fuß im Heidnischen,
Der Zweite im Bürgerlichen.

Wir stehen am Nadelöhr
Der heidnischen Geschichte
Ein zweites Mal. Beim ersten Mal
Versagten wir. Wir verschwanden
Für tausend Jahre von der Bildfläche.

Allein

Hilfe wird nicht kommen.
Odin stand in der Schlacht
Einer Million Riesen gegenüber.
Er war allein. Nichts war mit ihm,
Außer sein unstillbarer Wille.
Die Riesen sind verschwunden.
Odin sitzt noch immer und
Hält Ausschau nach den Helden.

Was glaubst du, will Odin von dir?
Was glaubst du, wird er dir schicken,
Wenn du um Hilfe bittest außer
Der Einsicht, dass du alles bist,
Was es braucht, um zu triumphieren?

Hilfe wird nicht kommen.
Du stehst in der Schlacht
Einer Million Probleme gegenüber.
Du bist allein. Nichts ist mit dir,
Außer dein unstillbarer Wille.
Deine Probleme werden verschwinden.
Du wirst immer noch sitzen und
Nach der Walhalla Ausschau halten.

Legenden

Grölen,
Um sich zu hören
Im Getümmel der Weltschlacht.

Die Macht der Asen
Trägt die wahren
Helden des Nordens.

Ewiges Krachen
Von Schildern und Schwertern
Der Einherjer.

Selbst, wenn die Schlacht
Längst zu Ende gebracht,
Lebt ihr Ruf fort.

Gesang und
Alkoholischer Schank
Erwarten alle nach dem Kampf.

Dann beginnen
Die Ersten zu erzählen
Von Ruhm und Ehren.

Lange Nächte
Mit alkoholischen Getränken
Und Heldengeschichten.

Brücken

Wege.
Zwischen den Welten.
Tore.
Uralte Verbindungen.

Wir sehen
Mit den Augen der Welt,
Was die Welt ist,
Aber wir sehen nicht,
Was noch da ist, weil es nur
Weltliche Augen sind.

Öffne deinen Geist
Und reise zwischen
Raum und Geist.

Verbinde dich
Mit dem, was da,
Aber unsichtbar ist.

Fühle
Die tiefsten Ströme
Des magischen Seins.

Die Kraft des Baums
Öffnet den Weltinnenraum
Und die Tore in die höhere Welt.

Odins Ausblick

Hart.
Härter.
Asen.

Kopfschüttelnd
Steht der Allvater
In der Walhalla.

Er sieht
Die neuen Jünger,
Sich betrinken und
Den Blot zelebrieren.

Aber er sieht
Sie nicht, ihre Kampfkraft
Trainieren.

Sie träumen
Vom Einlass in
Die Walhalla.

Aber sie hängen
Am Ende vorm TV,
Statt sich zu stählen,
Wie es das wahre Ritual
Der Asenjünger ist.

Tränen im Wind

Einfach nur eine Träne
Verweht vom Weltenwinde.
Ein Rauschen in den Ästen
Bei den Vogelnestern.

Das Feuer flackert
Und die Trommel tackert.
Tore öffnen sich
In die Anderswelt.

Heute im Zeitalter
Der beginnenden Raumfahrt.
Damals als das Rad
Gerade erfunden wurde.

Immer gibt es Rituale,
Um zum Wahren durchzustoßen
Und um die Anderswelt
Zu betreten.

Der Rest einer Zeitung
Mit vielen Meinungen
Verweht im Wind zwischen
Den Wolkenkratzern.

Wandergeister

Häuser. Burgen.
Wolkenkratzer.
Nichts ist schlimm daran,
Aber in unseren Genen
Stecken noch die zehntausenden Jahre
In den Steppen und Wäldern.

Wir waren Nomaden
Und spielten mit den Geistern
Der Bäche und Seen.

Wir waren Wanderer,
Ohne Pause zogen wir umher
Und hörten den Stimmen im Wind zu
Und lernten von den Wolken.

Wir waren so lange ohne festen Wohnsitz,
Dass es noch in tausend Jahren
Nachwirken wird.

Im Brunnen

Damals.
Heute.
Morgen.

Wer warst du?
Wer bist du?
Wer wirst du sein?

Stell dir einen Baum vor,
Neben dem das Universum
Wie ein Blatt wirkt.

Stell dir seine
Gigantischen Wurzeln vor,
Die sich in die Unendlichkeit
Graben.

Stell dir einen Brunnen vor,
Der magische Macht besitzt
Und in dem dein Gesicht
Zu sehen ist.

Einst

Ein kleiner Moment
Der zerrinnt!
Es ist so kostbar,
Mit dem eigenen Kind
Zeit zu verbringen,
Wie es Tradition ist
Seit Anbeginn.

Seht ihr die alten Heidensippen
Durch die Steppen ziehen
Mit ihren Kindern?

Geschichten flogen
Für Jahrhunderte
Zwischen den Generationen.

Wir sind die Saat.
Wir sind ihre Erben.
In uns leben sie weiter:
Lasst sie uns nie vergessen!

Magische Liebe

Liebe
Zur Magie
Ein Fluss
Spiritueller Energie

Die Magie
Wirkt schwach
In unserer Welt
Aber sie ist da
Und greifbar

Übe den Weg
Der Harmonie
Spüre wie die Magie
In der Tiefe wirkt

Der Fluss der Liebe
Webt mit Magie
Das goldene Herz
Führt in die Zauberkunst

Liebe und Magie
Spielen ein heiliges Spiel

Die Rückkehr

Der Kampf,
Der für tausend Jahre
Verloren war, ist nicht vorbei,
Solange noch ein Heide atmet.

Die Ehre der Götter,
Von Odin bis Vishnu:
Sie befeuern der Heiden Herz.
Weil die Heiden ihren Wert
Wieder kennen, widerstehen sie
Allem Schmerz.

Eintausend Jahre
In verborgener Dunkelheit,
Aber nie vergaßen die Wahren
Das Erbe der Menschheit.
Die Nacht wird zum Tag
Mit einem goldenen Sonnenaufgang.

Was verschwand vom Gesicht
Der ganzen Erde, kommt zurück.
Denn die Erde vermisst
Ihre liebsten Kinder.

Gebrochene Helden

Ein Löwe
Leckt seine Wunden.
Der heidnische Held
Liegt besiegt im Feld,
Aber er ist noch nicht tot.

Er rappelt sich auf
Und schleppt sich davon.
Durch Felder und Wiesen,
Bis zu den großen Nordwäldern.

Lange schlägt er sich
Durchs Unterholz. Kein Mensch
Geht diese alten Wege.
Sie sind geheim und Zauber
Schützen sie vor Neugierigen.

Seine Augen erblicken
Den Rauch des Feuers.
Einsam zwischen den Bäumen
Steigt die Rauchsäule auf.

Noch ehe er ankommt,
Hat der Wind seinen Geruch
In ihre Nase getragen.
Die alte Völva erwartet ihn.
Endlich am Feuer bricht er zusammen.

Sie beginnt ihr altes Handwerk.
Wochen. Monate. Urzeiten vergehen.
Er findet seine Kräfte wieder
Und erweckt in sich die Urgewalt.
Dann verneigt er sich und er zieht
Wieder aus, um das Heidland
Und die Heiden zu schützen.

Für die Schicksalsweberinnen

Ein Schwur,
Ein Weg und
Kein Rückschlag,
Der mich aufhält.

Immer weiter
Dem Schicksal entgegen.
Gegen alle Widerstände
Und über alle Hürden.

Geboren mit Schicksal.
Gegeben von den
Schicksalsweberinnen.

Ein Traum.
Eine Vision.
Der Durst nach dem Lohn
Am Ende der harten Arbeit.
Schritt um Schritt.

Atemzug für Atemzug
Dem Schicksal entgegen.
Umkehren gibt es nicht.
Aufgeben gibt es nicht.
Es gibt nur das Ziel.

Donnergott

Ein Gott namens Thor.
Von Thor steht geschrieben,
Er könne den einen Buchgott
Leicht besiegen.

Die Alten erzählten,
Thor wäre der stärkste Gott
Und er könnte jeden anderen Gott
Im Zweikampf besiegen.

Thor ist wild
Und Thor ist ein Symbol.
Thors Hammer ist roh
Und vermöbelt alle Feinde Midgards.

Ein Gott mit einer Waffe.
Ein Gott, der eine Waffe ist.
Der Gott des Donners
Mit Mjölnirs Donnerkraft.

Die Legenden erzählen
Die Heldenepen des Donnerers.
Der Norden erhebt den Ruf
Im Namen des großen Thor.

Die Hallen der Walhalla

In den Hallen der Walhalla
Leben die Mutigen
Für immer.

Ruhm führte,
Aber es war der Ruhm
Zum Schutz der Unschuldigen.

Nicht nimmt Odin
Die Gierigen, weil sie
Unkontrollierbar sind.

Er will die Helden,
Die für ihr Volk
Bürden aufnehmen.

Er will die Mutigen,
Die ohne zu zögern,
Für ihre Familien kämpfen.

Er will die Starken,
Die dazu imstande sind,
Ihr Land zu tragen.

In den Hallen der Walhalla
Erklingt ihr Ruhm und sie
Werden besungen.

Eine Einheit

Wir sind Heiden
In den Städten und Weiden.
Unsere Ahnen waren Heiden
Und wir werden sie preisen,
Solange die Sonne aufgeht.

Wir erinnern uns
Und wir verbinden uns.
Denn unser heidnisches Erbe
Lässt uns stärker werden
Als jemals zuvor.

Wir sind die Kinder einer Kultur,
Die alt, sogar uralt ist.
Unser Erbe gibt uns Ruhe
Im Herzen. Denn wir sind ein Teil
Einer uralten Kultur.

Die Welt der Heiden
Will dich einweihen
In nicht weniger als den Lauf
Von zehntausenden Jahren
Heidnischer Verbundenheit.

Urraum

Kreise im Sand.
Unterland.
Ferne sehen.
Heilige Seher.

Unsere Welt
Am Geld zerfällt.
Familien zerrissen
Mit tausend Dingen.

Wir rufen die Alten.
Die Urgewalten.
Die alten Pfade
Mitten in der Stadt.

Magische Spiele
In der Harmonie.
Neuer Pfad
Aus Nornenhand.

Kreise im Schicksal.
Besiege alle Qual.
Gegeben ist dir ein Name,
Um ihm zu verdienen.

Fotoalbum

Bilder aus alter Zeit
Im untersten Schubfach
Des alten Regals.

Erinnerst du dich
An uns und das,
Was uns verband?

Die Mauer fiel
Und wir bekamen
Einen Farbfernseher.

Alte Bilder
Aus einer Zeit,
Unglaublich weit.

Erinnerst du dich
An die Jahre,
Die guten und harten?

Wir reisten
Zusammen so viele
Jahre.

Bilder erzählen
Von Fall und Aufstieg
Und sie verbinden
Mit all denen,
die unsere Ahnen sind.

Silberrücken

Stolze Brust.
Wilder Schrei.
Die Urgewalt
Der Heiden.

Sie sind zurück.
Sie waren nie weg.
Sie sind der Anfang
Und werden bis
Zum Ende sein.

Ein alter Berg
Mit verborgenem Hain.
Es feiern die Heiden
Mit uralten Schreien.

Das Band erstrahlt
Und zieht sich lang.
Die Welt sieht wieder
Die wahren Bilder
Ihrer Wurzeln blühen.

Ein Dagaz-Tag

Ein Tag mit Dagaz.
Glück und Frieden
Und er blickt hinauf
Zu einer Liebe, die siegt.

Sigs strahlende Sonne
In der Wonne des wahren
Heldentums, das tut,
Statt darüber zu reden.

Othala führt nach Hause
Und verwandelt das Haus
In einen Schmaus des Glücks
Und der Vertrautheit.

Ansuz spricht ein
Nordisches Gedicht
Und erzählt von damals
Und dem Schicksal.

Am Ende erscheint
Dagaz mit Tapferkeit
Und genießt das Leben
In vollen Zügen.

Heldenwille

Helden
In den Weiten
Der Mittelwelt.

Der Hammer fällt
Und das Schicksal
Wird vollbracht.

Die Macht
Des Herzens triumphiert
Über die Schmerzen.

Der Wille
Wahrer Helden
Findet die Rille.

Ein Schritt
Auf dem schweren Weg.
Reiner Mut fließt.

Der Gefahr getrotzt
Und voller Kraft strotzend,
Mit einer Urgewalt bereit
Für alle Abenteuer.

Anderswelt

Wege ins Diesseits.
Wege ins Jenseits.
Die Alten trommelten
Und sie tanzten.
In tiefer Trance öffneten
Sich die Tore der Anderswelt.

Heute nehmen alle Drogen
Und hoffen so, zum Verborgenen
Vorzudringen, um sich und
Ihren Sinn im Leben zu finden.

Damals fanden fast alle.
Heute findet kaum einer.
Damals waren sie hundert Prozent,
Heute stehen sie mit einem Bein
Im Materiellen.

Tanze und trommle.
Werde high oder ficke.
Egal, was du tust.
Es gibt einen Weg
In die andere Welt.

Gruppenerfahrung

Eine Rauchsäule steigt auf.
Hinterm Feld stehen sie ums Feuer.
Sie sind nackt und hinter ihnen
Leuchtet das Feld weiß vom Schnee.

Das Feuer lodert.
Ihre Hintern frieren, aber
Ihre Brustwarzen brennen.
Duftholz verzaubert die Luft.

Die Steine glühen rot.
Helfer holen sie aus dem Feuer.
Mit großen Stöcken schleppen
Sie die Klopper ins Zelt.

Die Trommel dröhnt.
Hart schlägt er aufs Fell.
Alle verstehen das Zeichen
Und kriechen in die Schwitzhütte.

Hitze schwillt entgegen,
Als sie sie betreten.
Der Schamanen ist bereit
Und führt sie ins andere Reich,
Bis die Vision sie verändert.

Alte Fragen

Suche
Die Antworten.
Finde
Die großen Fragen.

Menschen suchen
Seit Urzeiten.
Große Fragen
Und alte Weisen.

Frage dich,
Was ist dein Sinn?
Finde den Sinn
In deinem Leben.

Die alten Heiden
Hatten viele Weisen.
Sie lebten in Höhlen
Und in Wäldern.

Suche wie die Alten
Den Weg im Leben.
Finde die Antwort
Auf die Frage.

Magische Zeichen

Runen verkünden.
Sigillen verzaubern.
Magische Zeichen
Stellen die Weichen.

Manches Orakel
Richtig verstanden,
Führt ins gelobte Land
Mit Volldampf.

Wer die Zeichen versteht,
Wird Dinge sehen,
Die anderen unvorstellbar
Und unglaublich sind.

Die Wunder der Magie
In den Codes der Harmonie
Sind Brücken und Tore
In das Höhere.

Zeige den Kindern
Sensibel den Pfad.
Lehre sie zu sehen,
Was tiefer ist.